AF391812

RELATION

DE CE QVI S'EST PASSÉ
EN LA MISSION DES PERES
DE LA COMPAGNIE DE IESVS,
EN LA
NOVVELLE FRANCE,
ES ANNEES 1653. & 1654.

Enuoyée au R. P. NICOLAS ROYON,
Prouincial de la Prouince de France.

Par le R. P. FRANÇOIS LE MERCIER,
*Superieur des Missions de la mesme
Compagnie.*

A PARIS,
Chez { SEBASTIEN CRAMOISY } ruë S.
Imprimeur ordinaire du Roy } Iacques
& de la Reyne, } aux Ci-
ET GABRIEL CRAMOISY. } cognes.

M. DC. LV.
Auec Priuilege du Roy.

TABLE DES CHAPITRES
contenus en ce Liure.

Extraict du Priuilege du Roy.

PAR grace & Priuilege du Roy, donné à Paris le 22. Decembre 1654. Signé CRAMOISY. Il est permis à SEBASTIEN CRAMOISY, Marchãd Libraire, Imprimeur ordinaire de sa Maiesté, ancien Escheuin & Iuge Consul de la Ville de Paris, d'imprimer ou faire imprimer, *La Relation de ce qui s'est passé en la Mission des Peres de la Compagnie de* IESVS *au pais de la Nouuelle France depuis l'ãnee* 1653. *iusques a l'Esté de l'année* 1654. &c. Et cependant le temps & espace de neuf ans consecutifs. Auec defenses a tous Libraires & Imprimeurs, & autres personnes de quelque qualité & condition qu'elles soient, d'imprimer ou faire Imprimer ladite Relation &c. sous pretexte de déguisement, ou changement que l'on y pourroit faire, à peine de confiscation & d'amende portée par ledit Priuilege.

Permission du R. P. Vice Prouincial.

NOvs LOVYS CELLOT, Vice Prouincial de la Compagnie de IESVS en la Prouince de France, auons accordé au sieur SEBASTIEN CRAMOISY, Marchand Libraire ; Imprimeur ordinaire du Roy, & de la Reyne. ancien Escheuin & Consul de cette Ville, l'impression des Relations de la Nouuelle France. Fait à Paris ce 22. Decembre 1654.

LOVIS CELLOT.

RELATION

DE CE QVI S'EST

PASSE' EN LA MISSION

DES PERES DE LA COMPAGNIE
de IESVS, au païs de la Nouuelle
France, depuis l'Esté de l'année
1653. iusqu'à l'Esté de l'année
1654.

ENVOYEE

AV R. P. NICOLAS ROYON,
Prouincial de la Compagnie de IESVS
en la Prouince de France.

MON R. P.
Pax Christi,

I'ay attendu iusques à ce iour vingt

A

& vniesme du mois de Septembre, à mettre la main à la plume, pour informer Voſtre Reuerence de l'eſtat où nous ſommes, n'ayant pû le faire pluſtoſt, à cauſe que nous ne le ſçaurions pas nous meſmes. Nos eſprits ont eſté tellement partagez depuis vn an, qu'à vray dire, nous auons iouy de la Paix, penſans eſtre en la guerre. Dieu la dedans a beny nos conduites, & des deſſeins de trahiſon qu'auoient les Iroquois nos ennemis, il en a tiré leur bien & le noſtre, nous donnant vne veritable Paix qui nous ouure les voyes & les chemins pour les aller inſtruire dans leur païs, & pour y porter la foy, qui d'vn peuple cruel & barbare, en fera vn peuple Chreſtien. Ce ſont les eſperances que nous en donne l'heureux ſuccez d'vn voyage, qu'vn de nos Peres y a fait depuis peu. C'eſt le Pere Simon le Moine, qui y fut enuoyé au commen-

cement de Iuillet, & qui a laiſſé nos
eſprits en ſuſpens, iuſques à ſon retour,
qui fut il y a peu de iours ; en nous com-
blant de ioye, autant que nous auions
ſuiet de craindre, qu'il ne fuſt bruſlé
cruellement, comme deſia pluſieurs de
nos Peres l'ont eſté par ces mal-heureux.
Mais Dieu a conduit toutes les demarches du Pere dans le cœur des Nations
Iroquoiſes. Il y a trouué vne Egliſe
captiue, de nos anciens Hurons, il a
eſté receu comme vn Ange du ciel, de
ces bons Chreſtiens : Il y baptisé vne
trentaine de petits enfans Iroquois, malades & en danger de mort ; & entre
les perſonnes adultes, vne ieune femme
Iroquoiſe a eſté la premiere qui ait receu le Sainct Bapteſme ; Cette femme
auant la venué du Pere, viuoit deſia
comme Chreſtienne, ne l'eſtant pas encore : elle auoit la foy de nos myſteres,
qu'vne Captiue Huronne luy auoit

A ij

enſeignée. Il y a conuerty vn grand Capitaine Iroquois, Chef de dix huict çents hommes qu'il menoit à vne-nouuelle guerre, que Dieu leur a ſans doute ſuſcitée pour nous donner la Paix. Ce Capitaine ayant preſſé ſainctement ſon bapteſme, auant que d'aller au peril. Enfin le Pere y a receu des preſens de la nation la plus conſiderable, qui eſt au centre des autres nations Iroquoiſes, qui nous inuitent à les aller inſtruire pour ſe faire Chreſtiens. Nous leur auons donné parole que le Printemps prochain nous irions nous y habituer, & y baſtir vne maiſon, ſemblable à celle que nous auions au milieu des Hurons, auant que la guerre nous en euſt chaſſez. V. R. verra la ſuitte de tout cecy dans la Relation, que ie pretens eſcrire par voye de Iournal, afin que la diſtinction des temps puiſſe empeſcher la confuſion qu'il y auroit en des affaires, d'ailleurs affez broüillées.

L'entreprife d'aller dés le Printemps prochain, porter vne Miffion dans le cœur des Nations Iroquoifes, nous oblige à demander à Voftre Reuerence le fecours de fix de nos Peres; car nous fommes trop peu. Monfieur de Laufon noftre Gouuerneur fait état d'y enuoyer vn nombre de François choifis, pour y commencer vne nouuelle habitation. Nous y enuoyerons de nos Peres, & quelques hommes de trauail pour y baftir vne premiere Eglife, en l'honneur de la tres Saincte Vierge. Les defpenfes feront exceffiues; mais eftant les affaires de Dieu plus que les noftres, fa Prouidence y pouruoira: il y a dans la France des perfonnes de Charité, zelees pour la Conuerfion des Sauuages, & qui font l'office d'Apoftres dans les païs Barbares, quoy qu'ils ne quittent pas leur Patrie, leurs enfans ny

leurs femmes. Il y a mesme des sain-
ctes Vefues, de chaftes Vierges, &
quantité de Femmes mariées, qui pren-
nent part à cette gloire, de prefcher
l'Euangile d'vn bout du monde à l'autre, y faifant paffer leurs aumofnes,
pour cooperer au falut des ames rachep-
tées du Sang de IESVS-CHRIST. Ce n'eft
pas ce fecours qui nous manquera ; &
deuffions-nous partir, comme fouuent
nous auons fait dans nos Miffions Hurones, le feul bafton en main & la feu-
le confiance en Dieu, pour toutes pro-
uifions ; Nos Peres y font tous refolus.
Ceux qui viendront à leur fecours, fça-
chent pour fe confoler, qu'il y aura beaucoup à faire & bien plus à fouffrir, &
tout à craindre, ayant affaire à des Nations Barbares, qui ne refpirent que le
fang, & qui ont beu celuy des Martyrs. Peut-eftre que dés l'abord on fera
rencontre. Quoy qu'il en foit, nos vies

ne peuuent estre mieux consommées qu'en procurant la gloire d'vn Dieu, qui le premier a consommé sa vie pour nous. V. R. nous obtiendra pour cet effet, les prieres de tous nos Peres & Freres de la Prouince, & nous donnera, s'il luy plaist sa saincte Benediction.

Mon Reuerend Pere,

A Quebec ce 21.
Septembre 1654.

Vostre tres-humble & tres-obeïssant
seruiteur en Nostre Seigneur,
FRANÇOIS LE MERCIER.

CHAPITRE I.

Deſſein des Iroquois Anniehronnons, dans le Traitté de Paix qu'ils auoient commencé auec nous au mois de Nouembre 1653.

APRES l'heureuſe deliurance du P. Poncet retourné de ſa captiuité, & ſauué quaſi par miracle, de la mort & des flammes, où ſon compagnon de fortune auoit eſté bruſlé cruellement. Les Iroquois Anniehronnons, nous ayans faits de grands preſens, pour teſmoignage de la ſincerité de leur cœur : & en ayans receu de reciproques : furent preſſez de leur retour, voyans que l'hyuer s'approchoit. En meſme temps vn nauire qui restoit encore à Quebec, fit voile pour retourner en France, & pour y porter les nouuelles de cette Paix tant desirée, & de la ioye qui s'estoit desja respanduë sur le visage & dans les cœurs de tous les peuples nos alliez, Algonquins, Montagnetz, & Hurons.

Les plus beaux iours ont souuent leurs nuages, & Dieu ne veut pas en ce monde que nos joyes y soient toutes pures. Le nauire qui retournoit en France richement chargé des despoüilles des Castors du païs, fut despoüillé luy-mesme, estant tombé entre les mains des Anglois, qui l'attendoient dans la Manche.

Icy, en mesme temps, trois ieunes hommes Hurons, ayans fait rencontre dans les bois, de

deux Sauuages de la Nation des
Loups, Alliez des Iroquois Anniehronnons, les furprirent de nuict,
pour auoir leur butin, & les af-
fommerent fur la place.

Ce coup de trahifon fut decou-
uert par les Iroquois mefmes, qui
auoient ramené le Pere Poncet;
lors que paffans à leur retour, par
l'habitation de nos François, qui
eft aux trois Riuieres; ils y recon-
neurent les defpouilles de leurs
Alliez, & les robes teintes de leur
fang, qui fans doute crioit vengeance au Ciel. C'eftoit bien pour
eftoufer dans le berceau, les ef-
perances d'vne paix, qui ne faifoit
que naiftre: Mais Dieu y mit la
main, le Gouuerneur de trois Riuieres ayant fait mettre aux fers
les meurtriers Hurons, pour en
faire iuftice, & pour donner à co-

gnoiſtre que les François n'a-
uoient point de part en ces crimes.
Les Iroquois furent contens de
noſtre procedé, & nous firent des
preſens eux-meſmes, pour la deliurance de ces trois criminels, di-
ſans que la Paix eſtant faite , ils
eſtoient freres des Hurons; qu'ils
n'eſtoient plus qu'vne famille, &
qu'ils prennoient ſur eux le ſoin
d'arreſter dans leur ſource les con-
ſequences de ce meurtre, puiſque
cette Nation des Loups leur eſtoit
alliee.

Pour nous lier plus étroitement
par enſemble, les Iroquois deman-
derent que quelques-vns de nos
François allaſſent en leurs païs , &
qu'ils nous laiſſeroiét reciproque-
ment des oſtages ; pour affermir,
nous diſoient-ils, ce nœud ſacré
d'vne amitié inuiolable, qu'ils ſou-

haitoient conseruer auec nous , aussi long temps que nos grands fleuues couleroient dans la mer, Deux ieunes soldats de bonne volonté se presenterent pour ce voyage, quatre Iroquois nous demeurans.

Peu de iours apres le depart des Ambassadeurs Iroquois , les plus anciens Capitaines de nos Hurons nous descouurirent vn secret, qui iusques alors nous auoit esté inconnu. Ils nous firent paroistre trois grands coliers de Porcelaine d'vne rare beauté. Ce sont , nous dirent-ils, des presens qui sont venus du profond des enfers, d'vn demon qui nous a parlé , dans l'horreur d'vne nuict obscure ; mais vn demon qui nous fait peur ; puis qu'il n'aime que les tenebres , & qu'il redoute, la lumiere.

En vn mot, ils nous apprirent
que la uuict mesme qui auoit suiuy le beau iour, auquel les Iroquois Anniehronnons auoient
conclu leur traité de paix auec
nous, le chef de cet ambassade les
auoit esté resueiller sur la my-nuit,
pour tenir conseil auec eux. Qu'il
leur auoit dit nettement, que le
dessein de son voyage estoit pour
les destacher d'auec nous, & trans-
porter leur colonie Huronne dans
son païs, où estoient desia leurs
parens emmenez autrefoiscaptifs,
qui ne suportoient leur absence
qu'auec des regrets & des tristes-
ses inconsolables, qu ils les attendoient auec amour & qu'ils les
accueilleroient auec ioye. Que
tout le procedé qu'ils auoient tenu dans la deliurance du Pere Poncet, & dans leurs pour parlers de

Paix, n'eſtoit que pour couurir leur ieu , & pour auoir plus de moien de parler ſans ſoupçon auec nous & conduire toute cette affaire auec douceur & efficace.

Nous n'auons oſé refuſer ces preſens, nous adiouſterent ces Capitaines Hurons; car c'euſt eſté rompre auec eux , & refuſer la Paix , qu'il faut tâcher de conſeruer puiſque nous ſommes dans l'impuiſſance de ſouſtenir la guerre. Auſſi ne les auons nous receus qu'auec crainte , ſçachans trop bien que ce ne ſont que des perfides,& qu'vne feinte amitié auec eux, eſt mille fois plus dangereuſe , que ne ſeroit vne inimitié toute ouuerte. Peut eſtre qu'en vous trompant, ils nous veulent tromper , & que nous ayans diuiſez , ils ont deſſein de venir plus aiſement à bou

des vns & des autres. Peut-eſtre
veulent-ils ſe fortifier de noſtre
Colonie, & quand nous ſerions
auec eux, nous obliger à prendre
les armes contre vous. Peut-eſtre
auſſi qu'ils agiſſent auec les François dans la ſincerité, & que faiſans mine de vous vouloir tromper, ils veulent nous tromper
nous meſmes, nous ayans retirez
de voſtre protection : car qui fait
vne trahiſon, eſt capable d'en faire plus d'vne.

Ces Capitaines Hurons de-
mandent là deſſus nos aduis, nous
adiouſtans qu'ils eſtoient reſolus
de viure & de mourir auec nous;
quoy que pour contenter les at-
tentes des Iroquois, ils leur euſſent fait des preſens reciproques
à ce meſme deſſein.

Monſieur le Gouuerneur leur

fit responfe, Qu'ils euffent bien-
fait de defcouurir ce confeil fecret,
des la nuict mefme qu'il fut tenu ;
qu'il eftoit bon de fçauoir les penfées de ceux qui nous vouloient
tromper ; que Dieu neantmoins
beniroit l'innocence de noftre
procedé , & que le temps nous
donneroit quelque occafion , de
tirer le bien mefme des Iroquois
& leur falut, des deffeins qu'ils auroient de nous perdre.

CHAPITRE. II.

Deffein des Iroquois Onnontaerhon-
nons arriuée à Quebec au mois de
Feburier 1654.

LEs Iroquois Onnontaehronnons font ceux qui l'an paffé
partirent à Montreal, y portans les
premieres nouuelles de la Paix,
quoy

quoy qu'il nous soit certain qu'ils n'y estoient venus qu'auec des pensées de la guerre. Ils enuoyerent leurs Ambassadeurs à Quebeç, au mois de Septembre suiuant, pour y traitter de cette Paix, y apportans de tres riches presens pour cét effet.

Ils auoient promis que l'hyuer ils nous reuiendroient voir. Ils ont tenu leur parole; & d'abord ils ont demandé qu'on assemblât le conseil. Leur Capitaine se voyant au milieu de tous nos François, y étale six grands coliers de Porcelene, c'est à dire qu'il auoit six choses d'importance à nous dire.

Le premier present estoit pour calmer l'esprit des François, de peur qu'estans troublés, ils ne prissent vne parole pour vne autte, & qu'ils ne s'offensassent de quelque

B

mot mal entendu.

Le second estoit pour tesmoigner que son cœur estoit sur sa langue, & sa langue en son cœur: c'est à dire qu'il n'y auoit en tout son procedé qu'vne sincerité toute aimable, & dont on n'auroit pas suiet d'entrer en défiance.

Le troisiesme estoit vn May, qu'il plantoit, disoit-il, au milieu de la grande Riuiere S. Laurens, vis à vis du fort de Quebec, de la maison d'Onontio, le grand Capitaine des François (c'est Monsieur de Lauson nostre Gouuerneur) vn May, qui porteroit sa cime iusques au dessus des nuës, afin que toutes les Nations de la terre le pûssent voir, & que ce fust vn rendez-vous, où tout le monde peust reposer en Paix, sous l'ombre de ses feüilles.

Le quatriefme prefent fe donnoit
pour faire vn abifme profond iuf-
qu'aux enfers, dans lequel on iet-
teroit toutes les medifances, tous
les foupçons, & tout ce qui feroit
capable d'alterer les efprits, & de
corrompre la douceur d'vne Paix,
que le ciel nous auoit donnée.

Le cinquiefme eftoit pour ofter
les nüages, qui auoient obfcurcy
le foleil. Ces nuages, dit-il, font les
difcours de defiance des Algonquins & des Montagnets, qui em-
pefchent que le foleil ne refpande
fes douces lumieres fur nous, & fur
eux. S'ils eftoient moins credu-
le à mille fauffetez, leur efprit feroit vn foleil qui donneroit du
iour partout, & diffiperoit les tenebres.

Enfin le fixieme prefent eftoit
pour faire abifmer fi auant dans la

terre, leur ehaudiere de guere, où
ils auoient accouſtumé de faire
bouillir la chair humaine , & les
corps decoupez en pieces, de leurs
captifs qu'ils mangeoient auec
cruauté; que iamais cette chaudiere abominable ne paruſt ſur terre,
puiſque toute leur haine ſe trouuoit changée en amour.

Ce conſeil ſe tint auec nous le cinquieſme iour de Feburier. Ce n'e-
ſtoit rien que ioye , qu'ouuerture
de cœur; & le ſoleil n'a pas des
rayons plus benins, que nous pa-
roiſſoient les viſages de ces Ambaſſadeurs: Mais vne nuict obſcu-
re ſuit apres vn beau iour.

Nous apprenons d'vn Chreſtien
Huron que ce Capitaine Iroquois
Onnontaehronnon , eſtoit dans
le meſme deſſein qu'auoient eſté
les Ambaſſadeurs Anniehronnons;

de détacher d'auec nous la Colonie Hurone, & d'attirer dans leur
païs les familles entieres, hommes, femmes, & enfans· Que pour
l'execution il propoſoit vn moien
auſſi facile, qu'il eſtoit ſpecieux.
Sçauoir que les Hurons, des le
commencement du printemps
tesmoigneroient eſtre attirez de
la beauté de Montreal, & s'y vouloir habituer, qu'ils prendroient
ce chemin, & que ſans doute les
François, fauoriſeroient eux-
meſmes cette retraitte. Mais
qu'approchant de l'Iſle de Montreal , ils monteroient vn bras
de la Riuiere, au lieu d'vn autre, &
qu'eſtans arriuez au deſſus de cette
Iſle, ils y trouueroient vne bande
de cinq cens Iroquois Onnontaehronnons, qui en les attendant ,
y battiroient vn fort, y feroient

B iij

bonne chaſſe, & des canots, pour faciliter le reſte du voyage : qu'au reſte ce deſſein deuoit eſtre caché, meſme aux Hurons ; à la reſerue de trois ou quatre qui conduiroient prudemment cette affaire, ſans donner autre idée a leurs femmes, & à leurs enfans, ſinon de ce tranſport de leur demeure à Montreal. Que quatre à cinq cents Iroquois leur viendroiét à la rencontre, entre les trois Riuieres & Montreal ; & qu'alors il ſeroit temps de publier tout leur deſſein ; qu'aucun n'y pourroit contredire, puis qu'ils ſeroient contraints de prendre la loy du plus fort ; & que plutoſt ce leur ſeroit trop de bonheur d'eſtre amys des vainqueurs, & d'aller en vn païs victorieux, & vn païs de Paix, qui va porter la guerre au loin, n'en receuant auun dommage.

Cet Ambaſſadeur Iroquois auoit fait quatre preſens pour ce deſſein; mais dans l'obſcurité & dans l'horreur de la nuit, à ceux qu'il croioit eſtre perſonnes de confiance, auec promeſſe d'en garder le ſecret inuiolable.

Quand le tout nous fut rapporté, ſi nos Hurons furent en peine, nous le fumes auec eux. Nous voyons bien, nous dirent ces Capitaines Hurons, que ces deux Nations Iroquoiſes à l'enuie l'vne de l'autre, veulent nous attirer. Quelque deſſein que nous prenions, nous n'y enuiſageons que du malheur. Nous auons occaſion de croire, que cet empreſſement qu'ils teſmoignent, chacun de ſon coſté, n'eſt pas vn amour qu'ils nous portent; mais vn deſſein de

se vanger sur nous, chacun d'vne
iniure receuë, qu'ils n'ont pas si
tost pardonnée, Les Onnontaehronnons ont sur le cœur la mort
de trente quatre de leurs hommes
gens d'élite, & de consideration
parmy eux, que nous trompas-
mes, il y a trois ans, en nostre
ancien païs, lors qu'eux-mesmes
nous vouloient tromper. Nous
preuinmes d'vn iour le mal heur
qui alloit fondre sur nos testes,
lors qu'ils estoient dans le dessein
de nous massacrer, sous ombre
d'vn faux traitté de Paix, dans lequel ils nous vouloient surpren-
dre. L'Anniehronnon n'aura pas
oublié la mort de leur grand Capitaine Torontisati que nous brula-
mes aux trois Riuieres, il n'y a que
deux-ans, lors que luy, voulant
nous trahir, il se yit luy mesme

trahy. Quoy qu'en cela nous
foyons innocens, ils nous pren-
nent pour des criminels, de n'a-
uoir pas receu la mort, de leur
main, à l'heure qu'ils fouhaitoient.
Ils nous regardent comme autant
de victimes confacrées à leur cruauté; & c'eft ce qui probablement
les pouffe à nous tefmoigner tant
d'amour.

Ce qui accroift noftre malheur
en ce rencontre, adioufterent ces
Capitaines Hùrons, c'eft que quelque party que nous prenions, euf-
fent-ils arraché de leur cœur, ces
defirs furieux qu'ils ont de fe vanger de nous ; l'autre party fe
croyant mefprifé, & poftpofé
aux autres ; il enttra en des rages
nouuelles, il en fera vn nouueau
crime, qui les irritera plus que iamais. Que fi ny les vns ny les

autres, ne nous enleuent en leur païs, leur esperance estant deceuë, se changera en desespoir : & se voyant esgalement trompés, ils se ioindront pour coniurer nostre ruine, ainsi nous ne voyons que des mal heurs de tous costés.

Apres vne longue suspension de ce qu'ils deuoient faire, le plus ancien des Capitaines adressa sa parole à Monsieur le Gouuerneur. C'est à toy maintenant, Onontio, & non pas a nous de parler. Nous sommes morts depuis quatre ans, que nostre païs fut desolé. La mort nous suit par tout, elle est tousiours deuant nos yeux. Nous ne viuons qu'en toy : nous ne voyons que par tes yeux ; nous ne respirons qu'en ta personne ; & nos raisonnemens sont sans raison sinon entant que tu nous en don-

ne. C'eſt donc à toy, Onontio, à
nous tirer de ces perils, nous diſant ce qu'il nous faut faire.

Ce rencontre nous eſtoit faſ-
cheux : car vn traiſtre qui ſe ſent
criminel, & qui ſe voit deſcou-
uertcraint qu'on ne le preuienne,
& croit que ſon ſalut giſt à haſter
la perte du plus innocent, ſçachant
biē qu'il merite luy-meſme d'eſtre
perdu. Ainſi nous auions de la peine à faire paroiſtre que nous ſceuſ-
ſions leur procedé. D'ailleurs de
teſmoigner n'en rien ſçauoir, c'e-
ſtoit les engager à le continuer, &
en differant le remede, en rendre
le mal incurable, qui tendoit à la
ruine, ou des François, ou des Hurons, & plus probablement, autant des vns que des autres.

Enfin nous iugeaſmes qu'il y
auroit du mieux de faire cōnoiſtre

à l'Iroquois, que de nous-mesmes
nous nous portions à leur deſſein,
ſans teſmoigner ny defiance, ny
ialouſie; en telle façon toute-fois
que nous trouuerions les moyens
de differer cette entrepriſe à quelque année ſuiuante ; eſperant, ce
qui eſt arriué, que Dieu donneroit
iour à nos tenebres , & que le
temps iroit diſpoſant les eſprits à
vne Paix ſincere.

Nos Capitaines Hurons mirent
comme en confiance, à l'Ambaſſadeur Iroquois, que leur deſſein
reüſſiſſoit au dela de leurs eſperances ; que les François leur propo-
ſoient de faire eux-meſmes vne
nouuelle habitation ſur le grand
lac des Iroquois; que cela eſtant de
la ſorte, il y auroit du mieux de
leur communiquer leur deſſein,
iuſqu'alors caché, ſans paroiſtre

qu'on euft voulu leur rien celer:
l'Iroquois s'y accorde.

On tient confeil: on y produit
les quatres coliers Iroquois, par
lefquels on inuitoit la colonie Hurone, de fe faire vn nouueau païs,
dans des terres autre-fois enne-
mies , qu'on leur promet deuoir
leur eftre vne terre de Promiffion.

A ces prefens , les Hurons ne
refpondirent que deux mots , &
cela par deux autres prefés : Le premier pour faire differer l'executió
de ce deffein, au moins pour vne
année. Le fecond prefent pour exhorter les Iroquoys à baftir premierement vne demeure aux robes noires, c'eft à dire, à nos Peres
qui les enfeignent, affeurans qu'en
quelque lieu que nos Peres vou-
luffent aller, la colonie les fuiuroit.

Monfieur le Gouuerneur fe mit

de la partie, & tefmoigna agreer ce deffein par fix autres prefens.

Par le premier il exhortoit les Iroquois Onnontaehronnons a faire bon accueil aux Hurons, lors qu'ils feröient en leur païs.

Par le fecond, il les prioit de ne pas preffer les Familles Huronnes, qui ne feroient pas encore difpofées à ce voyage.

Par le troifiefme, il demandoit qu'on leur laiffaft vne liberté toute entierre, d'aller la part où ils voudroient, foit que d'aucuns fuffent portés d'inclination pour le païs des Iroquois Anniehronnons, d'autres pour Sonnouȶanne, foit qué d'autres refpiraffent vers leur ancien païs, ou que d'aucun voulûffent continuer leur demeure aüec les François.

Le quatriefme prefent eftoit

pour mettre la voix d'Onnontio
dans la bouche d'Annonchiaſſé,
c'eſt à dire que Monſieur noſtre
Gouuerneur leur teſmoignoit
qu'ils n'auroient plus aucun beſoin
de deſcendre iuſques à Quebec,
pour entendre ſa voix, & les penſées ſur ce traitté de Paix : mais
qu'ils pourroient agir auec Monſieur de Maiſonneufue, Gouuerneur particulier de Montreal, auec
autant de confiance qu'auec luy-
meſme, & qu'en cela, il luy donnoit tout ſon pouuoir.

Le cinquieſme preſent eſtoit
pour tranſplanter le May qu'ils
auoient mis deuant Quebec, & le
tranſporter à Montreal, afin qu'e-
ſtant vne place frontiere, on s'y
trouuaſt plus aiſément.

Le ſixieſme preſent eſtoit pour
réünir tous les eſprits des Iro-

quois, qui sont cinq nations differentes, afin que cette Paix fust generale, & qu'il n'y eust aucune ialousie des vns, contre les autres,

Par ce moyen nous contentions tous les esprits, estans amys de tout le monde, & aucun ne pouuant se plaindre de nous, sur tout laissant chacune des Nations Iroquoises dans l'esperance d'attirer à eux les Hurons, qu'ils desiroient auec tant d'ardeur.

Cela fait, les Ambassadeurs songerent a leur retour, nous donnant asseurance d'vne Paix inuiolable.

CHAPITRE III.

Prise d'vn François à Montreal par les Iroquois Onneiochronnons au mois d'Auril 1654. & de sa deliurance.

TOvt le long de l'hyuer ne s'estant rien passé qui trauersast

uerfaft nos ioyes, tout ne refpirant
que la Paix , principalement à
Montreal : La grande quantité de
Caftors , qui ont peuplé dans les
ruiffeaux , & dans les riuieres voi-
fines, y attirerent nos François, des
le commencement du printemps,
apres la fonte des neiges , & des
glaces; de tous coftez on leur faifoit bonne chaffe, & bonne guerre
auec autant de ioye que de profit.

Vn ieune Chirurgien, ayant fui-
uy fa proye , & tendu fes pieges
au Caftor, en des lieux efcartez,
ou iamais aucune Solitude ne luy
auoir paru plus douce: vne bande
d'Iroquois Onneiochronnons ,
qui eftoient là venus à la chaffe
des hommes, y firent prife de ce
chaffeur aux beftes. Ils l'enleuerent
proprement, le iettant dedas leurs
canots fans laiffer aucune marque

C

de leur venuë. On n'euſt rien ſçeu
de ce malheur, ſi par bon-heur vn
Huron ne ſe fuſt échapé, qui
étoit de la bande de ces ennemis,
lequel ils auoient laiſſé au lieu
de leur abord, dans l'Iſle de Montreal, pour y garder leur équipage,
& pour y tenir compagnie à deux
ieunes femmes Iroquoiſes, qui ac-
compagnoient leurs marys, tant
cette guerre eſt douce & facile à
nos ennemis. Ce Huron ayant pris
ſon temps, accourt prompte-
ment au fort de Montreal; y donne aduis qu'on ſoit ſur ſes gardes,
qu'il eſt venu vne troupe de douze Iroquois, Onneiochronnons,
qui ſont en queſte aux euuirons,
n'ayans que des penſées de guerre,
de ſang & de carnage.

On tire le canon, pour ſignal
de retraite. Ce ieune Chirurgien

se trouue seul de manque, & on ne
doute point qu'il ne soit ou captif,
ou tué sur la place. De Môtreal, on
en depesche les aduis aux trois Riuieres, & à Quebec. Nous voila derechef dans les terreurs d'vne nouuelle guerre, & dans l'atente d'vne
armee ennemie, le Huron échapé nous asseurant qu'elle estoit
proche, & que tout n'estoit que
trahison. Mais tout ne fut que
pour affermir nostre Paix, & pour
nous faire sentir au doit, que Dieu
seul trauailloit pour nous, au delà
de toutes nos prudences, & de ce
que nous eussions osé esperer.

Au commencement du mois de
May vne bande d'Iroquois Onnontaehronnons arriuét à Montreal, ne sçachans rien de cet acte
d'hostilité. On les reçoit auec
amour; On leur ouure le cœur, &

C ij

la porte du fort. Apres vn accueil
fauorable, on leur parle de la prise
du François emmené captif; ils
sont surpris à ces nouuelles; ils
tremblent & ils palissent, croyans
qu'on s'en voulust vanger sur eux.
On les rasseure auec douceur, &
on leur fait entendre que la coutu-
me des François, ne fut iamais de
mesler l'innocent auec le coupa-
ble; que d'vn amy, on n'en fait
pas vn ennemy, s'il ne le veut étre
luy-mesme.

Il y auoit en cette bande vn Capitaine, qui porte le nom le plus
considerable de toute sa Nation,
Sagochiendagehté: Non non, dit-
il, vostre bonté sera tousiours victorieuse. Nos malices & nos
fourbes, ne pourront pas l'étein-
dre, malheur à ceux qui iamais en
abuseront. Ie veux moy - mesme

demeurer voſtre captif, & voſtre
oſtage, iuſqu'à ce qu'on ayt deliuré le François emmené captif. Ma
vie reſpondra pour la ſienne; & ſi
ceux de ma nation ont du reſpect,
& de l amour pour moy, le Fràçois
viura, & ſa vie ſauuera la mienne.

Il depute à l'heure meſme vn canot expres, pour porter ces nouuelles à Onnontaé, dont il eſt Capitaine : Là on y prend l'affaire à
cœur; on y amaſſe des preſens, &
on enuoye vn ambaſſade à Onne-
iout, Nation de ceux qui auoient
fait le coup, on leur demande le
Captif, & ſa liberté.

Ce ieune Chirurgien eſt heureuſement eſtonné de voir en vn mo-
ment ſes liens rompus. Les viſages
n'ont plus pour luy, que des douceurs, ſes ennemis eſtans deue-
nus ſes amis. Et la ioye fut touté

entiere à Montreal, lors qu'il y apporta luy-mesme les nouuelles de sa deliurance, & l'asseurance de la Paix pour toutes les Nations Iroquoises.

Les Onnontaehronnons, qui l'auoient ramené, voyans tout le monde assemblé, font monstre de vint coliers de Porcelene, pour accompagner le principal de leurs presens, qui estoit nostre prisonnier remis en liberté.

Le premier colier, estoit pour affermir le May, qu'Onnontio le grand Capitaine des François, auoit transporté à Montreal.

Le second, pour remettre en meilleure humeur Monsieur de Maisonneufue, iustement indigne pour cette prise iniuste, d'vn de ses nepueux qu'il aimoit.

Le troisieme, luy deuoit seruir

d'vn breuage, pour luy faire vomir toute sa bile, & tout le poison de son cœur.

Le quatriesme present, estoit pour ietter dans le feu les liens, qui auoient serré les mains & les bras, du François emmené Captif.

Le cinquiesme, pour rompre les cordes, qui luy auoient serré les iambes.

Le sixiesme, pour brusler celles, qui l'auoient lié par le milieu du corps.

Le septieme. La Nation des Onnontaehronnons brise l'echafaut, où ce captif François a esté exposé.

Le huitiesme, La Nation des Sonnontoehronnons le retire de ce lieu d'opprobre.

Le neufiesme, Les Onionenhronnons font le mesme.

C iiij

Le dixiesme, Les Onneiochronnons bruslent le bois qui a seruy a cet échafaut malheureux, en sorte que les cendres mesmes n'en restent pas à la posterité, & qu'on en perde la memoire.

L'onziesme present estoit pour reünir dans les mesmes pensées de Paix, l'esprit de nos François, des Hurons & des Algonquins, en cas que la crainte eust donné à quelqu'vn de la defiance.

Le douziesme, La nature, dit le Capitaine Iroquois, a parsemé de rochers, & d'ecueils, les Riuieres qui nous ioignent aux François, i'oste, dit-il, tous ces brisans, afin que tout nostre commerce en soit plus doux, & plus facile.

Le treisiesme, Ie souhaite auant toutes choses, de voir en mon païs vne des robes noires, qui ont en-

seigné aux Hurons à honnorer vn
Dieu.

Le quatorsiesme, Nous aurons
du respect pour luy , & tous les
iours nous nettoyerons la natte,
sur laquelle il sera couché.

Le quinziesme, Nous receurons
auec amour ses instructions, &
nous voulons adorer celuy qui est
le maistre de nos vies.

Le seiziesme, Nostre ieunesse
n'aura plus de guerre auec les François ; mais comme elle est trop
guerriere, pour quitter cet em-
ploy, vous sçaurés que nous allons
porter nos armes contre les Ehriehronnons (c'est la Nation du chat)
dés cet esté nous y conduirons vne
armée. La terre tremble de ce costé là ; & tout est calme icy.

Le dixseptieme, si quelque acci-
dent suruenoit, qui peut trauerser

cette Paix, i'auray des aisles pour
voler, & pour me rendre au plu-
stost icy : ma presence arrestera
tous les desordres.

Le dixhuitiesme, i'ouure l'oreille au François, afin qu'il sçache
tout & qu'il entende les nouuelles,
& qu'il m'en donne aduis.

Le dixneufiesme, Nous ne sommes plus qu'vn, le François , &
moy Onnontaehronnon:nos bras
sont enchaînez les vns aux autres,
par vn lien d'amour qui voudra le
coupper, sera nostre ennemy com-
mun.

Le vintieme , Nous ne ferons
rien en cachete, le Soleil en sera
tesmoin, qu'il cesse d'éclairer celuy qui voudroit chercher les tenebres: qui hait la lumiere, est indigne que le soleil luise pour luy.

Ce furent là les vint presens que

nous firent les Iroquois Onnon-
tachronnons, pour affermir la
Paix, qui auoit esté offensée, par
la prise de nostre François.

CHAPITRE IV.

Vne flotte de canots Hurons & d'Al-
gonquins des nations superieures, al-
liées des François, arriuent à Mont-
real & aux trois Riuieres & y ap-
portes d'heureuses nouuelles au mois
de Juin.

APres la prise du Chirurgien
de Montreal, & auant son
retour de sa Captiuité, lors que
nous estions entre la crainte &
l'esperance, ne sçachans pas quelle issue auroit cette affaire, vne
flotte parut de loin, qui descédoit
les rapides & les chutes d'eau, qui

font au deſſus de Montreal. On eut
ſuiet de craindre que ce fuſt vne
armée ennemie ; mais on recon-
nut aux appproches, que c'eſtoiẽt
des amys, qui venoient de quatre
cents lieuës loin, nous apporter
des nouuelles de leur Nation, &
en ſçauoir des noſtres.

Les habitans de Montreal, & des
trois Riuieres, eurent vne double
ioye, voyants que ces canots
eſtoient chargez de pelleteries,
que ces nations viennent traiter pour nos denrees françoi-
ſes.

Ces gens là, eſtoient partie Tion-
nontatehronnons, que nous ap-
pellions autrefois la Nation du petun; de langue Huronne : & partie Ondataouaouat, de langue Algonquine, que nous appellons les
Cheueux releuez, à cauſe que leur

cheueleure ne descend point en bas, mais qu'ils font drester leurs cheueux, comme vne creste qui porte en haut.

Tous ces peuples ont quittté leur ancien païs, & se font retirez vers les Nations plus esloignées, vers le grand lac, que nous appellons des Puants, à cause qu'ils habitent proche la Mer, qui est salée, & que nos Sauuages appellent l'eau puante, c'est du costé du Nord. La desolation du païs des Hurons, leur ayāt fait aprehender vn semblable malheur; & la fureur des Iroquois les ayant poursuiuy par tout, ils n'ont pas creu estre asseurez, qu'en s'éloignant, pour ainsi dire, iusques au bout du monde.

Ils y font en grand nombre, & plus peuplez, que n'ont esté tous ces païs, dont plusieurs ont diuer-

ſes langues, qui nous ſont incon-
nuës; ſi faut-il qu'ils connoiſſent
Dieu, & que nous leur annoncions
quelque iour ſes grandeurs.

Ceux qui nous ſont venus trouuer, au nombre d'enuiron ſix-
vint, firent rencontre en leur chemin de quelques Iroquois Son-
nontaehronnons, & de quelques
gents de la Nation du Loup, alliez
des Iroquois Anniehronnons, qui
eſtoient à la chaſſe. Ils en firent
treize de Captifs, qu'ils ne voulu-
rent point traiter dans les cruautez
ordinaires; non pas meſme leur
lier les bras, ny les mains. Dieu
adoucit les cœurs barbares, quand
c'eſt luy qui veut faire la Paix.

Cette trouppe victorieuſe arriuée heureuſement à Montreal, y
ayant veu la diſpoſition des eſprits, & que tout tendoit à la Paix,

fit prefent de fes captifs à Sagochiendagehté , Capitaine Onnontaehronnon, qui de fon gré y
eftoit demeuré pour oftage, attendant le retour du François emmené captif.

Ce ne font que feftins, & que
chants de ioye, dans vne douce
impatience, qu'on ne voye au pluftoft ce retour. Là deffus le François arriua, comme il a efté dit au
Chapitre precedent.

Les Iroquois , Onnontaehronnons qui le ramenerent , nous firent voir que Dieu trauailloit plus
que nous à l'affermiffement de cette Paix.

Ils nous aprênent qu'vne nouuelle guerre leur eftoit furuenuë, qui
les iette tous dans la crainte. Que
les Ehriehronnons arment contre
eux, (nous les appellons la Nation

Chat, à cause qu'il y a dans leur pais vne quantité prodigieuse de Chats Sauuages, deux & trois fois plus grands que nos Chats domestiques, (mais d'vn beau poil, & precieux,) Ils nous apprennent qu'vne bourgade d'Iroquois Sonnontoehronnons , a esté desia mise à feu, & enleuée dez leur premier abord. Que cette mesme nation a poursuiuy vne de leurs armées, qui reuenoit victorieuse du costé du grand lac des Hurons, & qu'vne Compagnie entiere de quatre vingt hommes d'elite, qui estoit leur arriere-garde, y a esté entierement taillee en pieces. Qu'vn de leurs plus grands Capitaines, nomme Annenraes a esté pris, & emmené captif, par des courreurs de cette Nation, qui sont venus faire ce coup, quasi aux
portes

portes de leur bourg, en vn mot,
que tout eſt en feu, dans les quatre Nations des Iroquois ſupe-
rieurs, qui ſe liguent & qui arment
pour repouſſer cet ennemy, & que
tout cela les oblige à vouloir tout
de bon la Paix auec nous, quand
meſme ils n'en auroient pas eu les
penſées iuſqu'alors.

Nous viſmes à ces nouuelles, que
Dieu nous ſecouroit du coſté que
nous ne l'attendions pas, faiſant
vne diuerſion des armes, & des
forces de nos ennemis.

Cette Nation du Chat eſt grandement peuplée, quelques Hurons qui ſe ſont reſpandus par
tout, lors que leur pais fut ruiné,
ſe ſont ioints auec eux, & ont ſuſ-
cité cette guerre, qui donne de la
terreur aux Iroquois. On fait eſtat
de deux mille hõmes bien agueris,

D

quoyqu'ils n'aïét pas d'armes à feu.
Mais ils combattent à la Françoi-
fe, effuyants courageufement la
premiere décharge des Iroquois,
qui font armez de nos fuzils; &
fondants en fuitte fur eux, auec
vne grefle de fleches, qui font em-
poifonnées, & qu'ils tirent huit &
dix fois, auant qu'on puiffe re-
charger vn fufil.

Quoy qu'il en foit, nous demeu-
rons en Paix, & le Pere Simon le
Moine, retourné tout frefche-
ment des Iroquois fuperieurs, nous
affeure qu'ils s'armoient pour aller de ce cofté là, au nombre de
dix-huit cents hommes.

CHAPITRE. V.

Les Iroquis Anniehronnons arriuent à Quebec au mois de Iuillet, & ramenent deux François qu'ils auoient en oftage.

DEux ieunes foldats de la garnifon de quebec, étoient allez au mois de Nouembre 1653, auec les Iroquois Anniehronnons, qui nous auoient ramené le Pere Poncet deliuré de fa captiuité. On les auoit enuoiés comme pour feruir d'oftages, ou pluftoft pour feruir d'vn gage affeuré, que nous n'eftions vrayement qu'vn cœur, les Iroquois, & nous ; & que nous voulions viure en confiance les vns auec les autres.

Tout l'hyuer on auoit veu à Montreal, & aux Trois Riuieres,

quantité d'Iroquois de cette Nation, qui toûiours confirmoient
la Paix ; mais toutes fois quelque
nouuelles suruenues , & mesm
quelques lettres de nos François
nous iettoient dans la defiance
iusqu'à ce que sur la fin de l'hyuer, vn Capitaine Anniehronnon
fils d'vne mere Iroquoise, & d'vn
Pere Hollandois, nous apporta de
lettres du Capitaine du fort d'O-
range, en la Nouuelle Hollande
& de quelques marchands Hollandois, qui nous tesmoignoient
tous, que c'estoit maintenant tout
de bon, qu'ils voyoient les esprit
des sauuages leurs alliez, disposes
à la Paix.

Ce mesme Capitaine Iroquois
fit vn second voyage, pour nou
ramener nos deux Fraçois ostages,
selon la parole qu'il nous en auoi

née. Ils arriuerent à Quebec,
mois de Iuillet, fort peu de iours
res que le Pere Simon le Moine
us euft quitté, pour fon voyage
Onnontagé, duquel nous parle-
ons au Chapitre fuiuant.

Nous fufmes en peine en ce ren-
ontre, voiant bien qu'il y auroit
uelque fuiet de ialoufie, entre les
uatre Nations Iroquoifes fupe-
eures, & les Iroquois Annie-
ronnons; chacun d'eux defirant
mporter l'honneur de cette am-
affade du Pere le Moine, en leur
ais. Les Onnontaehronnons le
efiroient, à caufe que c'eftoient
ux qui auoient porté les premie-
es nouuelles de la Paix : Les An-
iehronnons le fouhaitoient, pour
 qu'ils font les plus proches
 nous, & comme les fron-
res.

Le Capitaine Anniehronnon en
                    D iij

fit adroitement ſes plaintes auec
eſprit. N'eſt-ce pas, dit-il, par la
porte qu'il faut entrer en la maiſon, & non par la cheminée, &
par le toit de la cabane, ſinon
qu'on ſoit voleur, & qu'on vueille ſurprendre le monde ? Nous ne
faiſons qu'vne cabane, nous autres
cinq Nations Iroquoiſes ; nous ne
faiſons qu'vn feu, & nous auons
de tout temps habité ſous vn meſme toit. En effet de tout temps
ces cinq Nations Iroquoiſes, s'appellent dans le nom de leur langue, qui eſt Huronne, Hotinnon-
chiendi, c'eſt à dire la Cabane
acheuée ; Comme s'ils n'eſtoient
qu'vne famille, Quoy donc, dit-il,
vous n'entrez pas dans la cabane,
par la porte, qui eſt au bas eſtage
de la maiſon ? c'eſt par nous autres Anniehronnons qu'il falloit
commencer ? Vous voulez entrer

par le toit, & par la cheminée, comméçant par l'Onnontaehron-non. N'auez-vous point de crain-te que la fumée ne vous aueugle, noftre feu n'eftant pas efteint ? ne craignez-vous point de tomber du haut en bas, n'aiant rien de folide où pofer vos demarches?

Cela obligea Monfieur le Gou-uerneur, de luy faire des prefens exprez, pour l'affeurer que On-deffonk, (c'eft le nom du Pere Simon le Moine) iroit auffi en leur pais, pourueu qu'il le peuft at-teindre en chemin, & luy rendre nos lettres, qui l'informeroient de nos penfées. Ces lettres luy firent hafter fon depart: mais le Pere ayant pris le deuant, ne put pas eftre atteint, & il pourfuiuit fon voyage, felon le premier deffein qui auoit efté pris.

D iiij

CHAPITRE VI.

*Voyage du Pere Simon le Moine dans le
le païs des Iroquois Onnontaehronnons en Iuillet , Aouſt,
& Septembre.*

LE ſecond iour du mois de
Iuillet, feſte de la Viſitation
de la tres-ſainte Vierge, touſiours
fauorable à nos entrepriſes, le Pere
Simon le Moine partit de Quebec,
pour le voyage aux Iroquois Onnontaehronnons. Il paſſe par les
trois Riuieres , & de là par Montreal, où vn ieune homme de bon
courage , & ancien habitant, ſe
ioint à luy, auec beaucoup de pieté. Ie ſuiuray le iournal du Pere,
pour plus grande façilité.

Le 17. iour de Iuillet, iour de S.
Alexis , nous ſortons de chez
nous, auec ce grand ſainct voya-

geur, & nous partons pour vne terre qui nous est inconnuë.

Le 18. suiuans tousiours le cours de la Riuiere saint Laurens, nous ne trouuons que des brisans, & des torrens impetueux, tout parse- mez de rochers & d'escueils.

Le 19. Cette Riuiere se va eslargis- sant, & fait vn lac agreable à la veüe, de huit ou dix lieues de longueur. Le soir, vne armée de mousquites importunes nous fut vn presage de la pluye, qui nous moüilla toute la nuict. C'est vn plaisir plus innocent, & plus doux qu'on ne pourroit croire, de n'a- uoir en ce rencontre aucun abry, sinon des arbres que la nature y a produits depuis la creation du monde.

Le 20. Ce ne sont que des isles, d'vn aspect le plus beau du monde

qui couppent çà & là, cette riuiere
tres-paisible. La terre du costé du
Nord, nous paroist excellente :
vers le soleil leuant, c'est vne chaî-
ne de hautes montagnes, que nous
appelasmes de sainte Marguerite.

Le 21. Les isles continuënt. Sur le
soir nous brisons nostre canot d'é-
corce, il pleut toute la nuict. Les
roches toutes nuës, nous seruent
& de lict, & de matelats, & de
tout. Qui a Dieu auec soy, repose
par tout doucement.

Le 22. Les precipices d'eau, qui
pour vn temps, ne sont plus naui-
gables, nous obligent à porter sur
nos espaules nostre petit bagage,
& le canot qui nous portoit. A
l'autre costé du rapide, i'aperçoy
vn troupeau de vaches sauuages,
qui paissoient à leur aise, en grand
repos. On en void quelques-fois

en ces endroits , quatre ou cinq cent de compagnie.

Le 23. & le 24. du mois, Noſtre pilote s'eſtant bleſſé, il falut demeurer en proye aux maringoins, & prendre patience : ſouuent plus difficile pour les incommoditez qui n'ont point de relaſche , ny iour ny nuit, qu'il ne ſeroit de voir la mort deuant ſes yeux.

Le 25. la riuiere eſt ſi fort rapide, que nous ſommes contraints de nous ietter dans l'eau, pour traiſner apres nous noſtre canot parmy les roches, comme vn caualier qui mettant pied à terre, mene ſon cheual par la bride ; le ſoir nous arriuons à l'emboucheure du lac ſainct Ignace , où les anguilles y ſont dans vne quantité prodigieuſe.

Le 26. Vn grand vent meſlé de

pluye, nous oblige à nous debar-
quer, apres quatre lieuës de chemin. Vne cabane est bien tost faite, on despouille les arbres voisins
de leur escorce: on les iette sur des
perches, qu'on plante en terre de
part & d'autre, les faisant approcher en forme de berceau; & voilà
vostre maison bastie. L'ambition
n'a point d'entrée dans ce palais,
il ne laissa pas de nous estre autant
agreable, que si le toit en eust esté
tout d'or.

Le 27. Nous costoyons les riuages
du lac, ce sont rochers de part &
d'autre, d'vne hauteur excessiue,
tantost effroyables, tantost agrea-
bles à la veuë, c'est merueille comme de grans arbres peuuent trouuer racine parmy tant de rochers.

Le 28. Ce ne sont que tonneres,
& qu'esclairs, & vn deluge d'vne

pluie, qui nous oblige à nous tenir à l'abry de noſtre canot, qui
nous ſert de maiſon, le renuerſant
ſur nous.

Le 29. & 30. de Iuillet, vn orage de vent continuë qui nous arreſte à l'entrée d'vn grand lac,
nommé Ontario: nous l'appellons
le lac des Iroquois, à cauſe que du
coſté du midy, ils y ont leurs bour-
gades. Les Hurons ſont de l'autre
coſté, plus auant dans les terres.
Ce lac a de largeur vint lieuës : ſa
longueur, d'enuiron quarante.

Le 31. iour de ſainct Ignace, la
pluie & les vents nous obligent à
chercher des chemins perdus.
Nous trauerſons de longues iſles,
portans noſtre bagage, nos proui-
ſions, & le canot ſur nos eſpaules
Ce chemin ſemble long à vn pauure homme bien fatigué.

Le premier iour du mois d'Aouſt, quelques peſcheurs Iroquois, nous ayants apperceu de loin, s'atrouppent pour nous receuoir. Vn d'eux accourt à nous, auançant vne demie lieuë, pour nous dire les premieres nouuelles, & l'eſtat du païs. C'eſt vn captif Huró, & bon Chreſtié, que i'auois autresfois inſtruit, dans vn hyuernemét que ie fis auec les Sauuages : Cepauure garçon ne pouuoit croire que ce fuſt celuy qu'il n'eſperoit iamais reuoir. Nous debarquons à vn petit village de peſcheurs. On ſe preſſe à qui portera tout noſtre bagage. Mais helas ce ne ſont quaſi que femmes Hurones & la plus part Chreſtiennes , autrefois riches , & à leur aiſe, que la captiuté a rendu ſeruantes. Elles me demandent à prier Dieu , & i'eus la conſola-

tion de confeſſer là à mon aiſe
noſtre ancien hoſte de la Nation du petun , Hoſtagehtak: ſes
ſentimens & ſa deuotion me tire-
rent les larmes des yeux. C'eſt vn
fruit des trauaux du Pere Charles
Garnier , ce ſaint Miſſionnaire,
dont la mort a eſté ſi precieuſe deuant Dieu.

Le ſecond iour d'Aouſt. Nous
marchons dans les bois enuiron
douze ou quinze lieuës. On cabane où le iour finit.

Le 3. ſur le midy, nous nous trouuons ſur les bords d'vne riuiere
large de cent ou ſix-vingt pas; au
delà de laquelle il y auoit vn ha-
meau de peſcheurs. Vn Iroquois
que i'auois autres-fois careſſé à
Montreal , me fait paſſer en ſon
canot , & par honneur il me porte ſur ſes eſpaules, ne voulant pas

permettre que ie mette le pied en l'eau. Tout le monde m'accueille auec ioye, & ces pauures gents m'érichiſſent de leur pauureté. On me conduit à vn autre bourg eſloigné d'vne lieüe, où vn ieune homme de conſideration, me fait faire feſtin, à cauſe que ie porte le nom de ſon Pere, Ondeſſonk. Les Capitaines nous viennent faire leurs harangues, les vns apres les autres. Ie baptize de petites ſqueletes, qui n'attendoient peut-eſtre, que cette goute du precieux ſang de Ieſus-Chriſt.

Le 4. Ils me demandent, pourquoy nous ſommes vetus de noir? & ie prens occaſion de leur parler de nos myſteres auec vne grande attention. On m'apporte vn petit moribond, que ie nomme Dominique. Le temps n'eſt plus auquel

on

on nous cachoit ces petits innocens. On me prenoit pour vn
grand medecin, n'ayant pour tout
remede qu'vne pincée de succre,
à donner à ces languissans. Nous
poursuiuons nostre chemin, au
milieu nous trouuons nostre disné
qui nous attend. C'est le nepueu
du premier Capitaine du païs, qui
me doit loger en sa cabane, qui est
deputé par son oncle, pour nous
faire escorte, nous apportant tout
ce que la saison leur auoit pû fournir de plus grandes douceurs, sur
tout du pain de bled d'inde nouueau, & des espys que nous faisons rostir au feu. Nous couchons
encore ce iour là à la belle estoile.

Le 5. Nous eusmes à faire quatre
lieuës auant que d'arriuer au principal bourg Onnontagé. Dans les
chemins ce ne sont qu'allans, &
venans, qui me viennent donner

E

le bon-iour. L'vn me traitte e
frere , l'autre d'oncle , l'autre d
coufin, iamais ie n'eus vne paren
té fi nombreufe. A vn quart d
lieuë du bourg, ie commença
vne harangue, qui me donna bien
du credit : ie nommois tous le
Capitaines, les familles, & les per
fonnes cófiderables; & d'vne voi
traifnante , en ton de Capitaine. Ie leur difois que la paix mar
choit auec moy , que i'efcartois l
guerre dans les nations plus éloi
gnées, & que la ioye m'accompa
gnoit. Deux Capitaines me firen
leur harangue à mon entree: ma
auec vne ioye , & vn efpanouiffe
ment de vifage, que iamais ie n'a
uois veu dans les fauuages. Hom
mes , femmes, & enfants, tou
eftoit dans le refpect, & dans l'a
mour.

La nuit, ie fais affembler les pri

…x, pour leur faire deux pre-
…Le premier, pour leur essuyer
…fage, à ce qu'ils me regardent
…bon œil, & que iamais ie ne
…e sur leur front aucune mar-
…de tristesse. Le second, pour
…r vuider le peu de fiel, qu'ils au-
…ent encore sur le cœur. Apres
…sieurs autres entretiens, ils se
…rent pour consulter ensemble,
…enfin, ils respondent à mes
…sens, par deux autres presens
…s riches que les miens.

…Le 6. on m'appelle de diuers en-
…oits, pour donner de ma mede-
…e à de petits languissans, &
…ques. I'en baptizay quelques-
…le confessay de nos anciens
…restiens Hurons, & ie trouuay
…Dieu est partout, & qu'il se
…st à trauailler luy-mesme,
…s des cœurs où la foy a regné.

E ij

Il s'y baſtit vn temple , où il
adoré auec eſprit & verité; qu'il
ſoit beny à iamais.

Le ſoir , noſtre hoſte me
re à part, & me dit auec bien
l'affection , qu'il nous auoit to
jours aimé , qu'enfin il auoi
cœur content, voyant que tou
les bandes de ſa nation ne dem
doient que la Paix: que depuis
le Sonnotoehronon, les eſtoit
nu exhorter à bien gerer cette
faire pour la Paix, & que pour
il auoit fait de beaux preſens,
l'Onioenhronnon·auoit appo
trois colliers pour ce ſuiet ,
l'Onneiochronnon ſe tenoit h
reux d'auoir eſté deſembaraſſé
ne mauuaiſe affaire par ſon mo
& qu'il ne vouloit plus que la P
que ſans doute l'Anniehron
ſuiuroit les autres , & qu'ain

courage, puiſque ie portois
moy le bon-heur de toute la
e.

e 7. vne bonne Chreſtienne,
mée Tereſe, captiue Huronne,
ulât me répandre ſon cœur hors
bruit, & dãs le ſilence, m'inuita
l'aller voir en vne cabane des
amps où elle demeuroit. Mon
eu, quelle douce conſolation
voir tant de foy en des cœurs
uages, dans la Captiuité, &
ns autre aſſiſtance que du ciel!
eu fait des Apoſtres par tout,
tte bonne Chreſtienne auoit
ec ſoy vne ieune captiue de
inze à ſeize ans, de la Nation
utre, qu'elle aymoit cõme ſa
opre fille. Elle l'auoit ſi bien in-
uite, dans les myſteres de la foy,
dans les ſentimens de Pieté
ns les prieres qu'elles faiſoient

enſemble en cett e ſainte ſolitu
que l'en fus tout ſurpris. Hé,
ſœur luy diſois-je, pourquoi ne l
tu pas baptizée, puis qu'elle a la fe
comme toy, & qu'elle eſt Chri
ſtienne en ſes meurs, & qu'el
veut mourir Chreſtienne: Hela
mon frere, me reſpondit cet
heureuſe captiue, ie ne croiois p
qu'il me fuſt permis de baptiſe
ſinon dans le danger de mort: b
ptiſe la maintenant toy-meſm
puiſque tu l'en iuges digne, & do
ne luy mon nom. Ce fut là le pr
mier bapteſme d'adultes fait à O
nontagé, dont nous ſommes red
uables à la Pieté d'vne Huron
La ioye que i'en conceu, eſtoit
pable e ſuyer toutes mes fatigu
paſſées. Quand Dieu diſpoſe
ame, vn coup de ſalut eſt bie
toſt fait.

Quasi en mesme temps on m'appelle pour vn malade, qui n'a plus
que les os: c'est vn vlcere qui le
mange, pour vn coup de fusil mal
panse. Ie luy parle de Dieu, des es-
perances d'vne vie eternelle, & des
veritez de la foy; mais helas, les
paroles du ciel n'entrent pas dans
ce cœur tout bouffy d'orgueil, il ne
songe qu'à la vie presente, & quoy
qu'il me tesmoigne de l'amour, il
n'en peut conceuoir pour Dieu.

Le 8. ie baptise trois petits mori-
bonds. Ie donne & ie reçoy la con-
solation, me voyant au milieu d'v-
ne Eglise de Chrestiens tous for-
mez. Les vns viennent se confesser, les autres me racontent toutes
leurs miseres, & ensemble le bon-
heur qui leur reste, que leur Foy ne
soit point captiue, dans leur captiuité; & de sçauoir qu'offrans à

Dieu leurs gemiſſemens & leurs
larmes, Dieu a les yeux ſur eux, &
que ſa ſaincte Prouidence a pour
eux des amours de mere, & qu'ils
ſeront libres dãs le ciel. I'aprés que
pluſieurs, qu'on auoit fait mourir
cruellement à petit feu, ſe conſo-
loient dans le plus fort de leurs
tourmens, ayans iuſqu'au dernier
ſouſpir, le ſaint nom de Ieſus, &
dans la bouche, & dans le cœur.
Ie m'enqueſte de tous ceux de noſtre ancienne connoiſſance, pour
ſçauoir leur fortune; & ce m'eſt
vne occaſion de benir Dieu, de
voir qu'il eſt par tout luy-meſme,
autant parmy les Iroquois, que
dans les païs des Hurons. I'auois
ordre de ſçauoir qu'eſtoit deuenüe
vne ieune femme Chreſtienne
Hurone, nommée Caterine Sko-
uatenhré, qu'autrefois nous appel-

lions la Religieuse, à cause de sa
grande pieté, & d'vne modestie
aussi rare, qu'on peut en desirer
en vne fille toute à Dieu. Sa sœur
me dit, qu'elle estoit morte en
priant Dieu, ne l'ayant iamais
oublié tout le cours de sa maladie,
qui auoit esté longue. Vn peu
deuant sa mort: Ma sœur, ie m'en
vay au ciel, luy dit elle, car Iesus
est bon, qui me fera misericorde.
Pour toy si tu me veux suiure, &
nous reuoir au ciel, cherys ta foy
plus que la vie, fuy le peché comme la mort; & si par malheur tu y
tombes, souuiens toy que Iesus est
bon, demande luy pardon, & dis
luy que tu veux l'aymer. Ces der-
nieres paroles sont tellement de-
meurees empraintes dans l'esprit
de cette sœur, qui luy a suruescu,
qu'elle ne peut en perdre la me-

moire. Cette bonne Ame ne pouuoit aſſez me voir, pour entendre
parler de Dieu, & ſe conſoler auec
moy des eſperances du Paradis.

Le 9. ſur le midy, arriue vn cry
funeſte, de trois de leurs chaſleurs
maſſacrés par la Nation du chat, à
vne iournée de là. C'eſt à dire que
la guerre s'allume de ce coſté la

CHAPITRE VII.

*Conſeil general pour la Paix, auec les
quatre Nations Iroquoiſes; & en
ſuitte le retour du Pere Simon le
Moine de ſon voyage.*

LE dixieſme iour d'Aouſt, les
deputez eſtans arriuez des
trois Nations voiſines, apres les
crys ordinaires des Capitaines, à
ce que tout le monde s'aſſemblaſt
dans la cabane d'Ondeſſonk; i'ou-

uris cette action (dit le Pere con-
tinuant son Iournal) par vne priere publique, que ie fis à genoux, &
à haute voix, le tout en langue
Huronne. Ie m'adressois au grand
maistre du ciel & de la terre, afin
qu'il nous inspirast ce qui seroit
pour sa gloire, & pour nostre bien:
Ie maudissois tous les Demons
d'enfer, qui sont des esprits de
diuision; & ie priois les Anges tutelaires de tout le pais, de parler au
cœur de ceux qui m'escoutoient,
lors que ma parole leur frappe-
roit l'oreille.

Ie les estonnay grandement,
quand ils entendirent que ie les
nommois tous par Nations, par
bandes, par familles, & chaque
personne en particulier, qui estoit
vn peu considerable, & le tout à la
faueur de mon escrit; qui leur fut

vne chofe autant rauiffante, que nouuelle, ie leur dy que i'auois dix-neuf paroles à leur porter.

La premiere que c'eftoit Onnontio, Monfieur de Laufon, Gouuerneur de la nouuelle France, qui parloit par ma bouche, & enfuitte les Hurons, & les Algonquins, autant que les François, puifque toutes les trois Nations auoient pour leur grand Capitaine Onnontio. Vn grand colier de Porcelene, cent petits tuyaux ou canons de verre rouge qui font les diamás du pais, & vne peau d'orignac, paflée: Ces trois prefens, ne faifoient qu'vne parole.

Ma feconde parole fut pour coupper les liens des huit captifs de Sonnontouan, pris par nos Alliez, & amenez à Montreal, comme il a efté dit cy deuant au chapitre quatriefme.

La troifiefme eftoit pour rompre auffi les liens de ceux de la Nation du Loup, pris enuiron le mefme temps.

La quatriefme, pour remercier ceux d'Onnontagé de nous auoir ramené noftre captif.

Le cinquiefme prefent eftoit pour remercier ceux de Sonnontouan, de l'auoir retiré de deffus l'échafaut.

Le fixiefme, pour les Iroquois Onioenhronons, d'y auoir auffi contribué.

Le feptiefme, pour les Onneioehronnons, d'auoir rompu les liens qui le faifoient captif.

Le huitiefme, neufiefme, dixiefme & vnziefme prefent pour donner à ces quatre Nations Iroquoifes, vne hache à chacune, pour la Nouuelle guerre où ils font engagez auec la Narion du Chat.

Le douziéme preſent eſtoit pour refaire la teſte au Sonnontoehronnon, qui y a perdu de ſon monde.

Le trcifieſme, pour raffermir ſa paliſſade, c'eſt à dire, afin qu'il ſe rienne en eſtat de deffenſe contre cet ennemy.

Le quatorſieſme, pour luy matachier le viſage ; car icy c'eſt la couſtume des guerriers, de iamais n'aller au combat, qu'ils n'ayent le viſage peint, qui de noir, qui de rouge qui de diuerſes autres couleurs, chacun ayant en cela, cóme des liuréesparticulieres, auſquelles ils s'attachent iuſques à la morr.

Le quinzieſme, pour raſſembler en vne toutes leurs penſées, ie faiſois trois preſens pour ce ſeul article, vn colier de porcelaine, des pe-

tits Canons de verre & vne peau
d'orignac.

Le seiziesme. I'ouurois la porte
d'Annonchiassé à toutes les Nations, c'est à dire qu'ils seroient les
bien-venus chez nous.

Le dixseptiesme. Ie les exhortois
à se faire instruire des veritez de
nostre foy, & ie fy trois presens
pour cet article.

Le dixhuitiesme. Ie leur deman-
dois que dores-enauant ils ne dres-
sassent plus d'embuches aux Nations Algonquines, & Hurones,
qui voudroient nous venir trou-,
uer en nos habitations Françoi-
ses. Ie fy trois presens pour cet
article.

Enfin par le dixneufiesme present, i'essuyay les larmes de toute
la ieunesse guerriere, sur la mort
de leur grand Capitaine Annen-

craos, depuis peu Captif par la Nation du chat.

A chacun de mes prefens , ils
pouffoient du profond de la poi-
trine vne acclamation puiffante,
pour tefmoignage de leur ioye. Ie
fus bien l'efpace de deux heures à
faire toute ma harangue , en ton
de Capitaine, me promenant , à
leur ordinaire, comme vn acteur
fur vn theatre.

Apres cela ils s'attroupent par
Nations, & par bandes, y appellant
vn Anniehronnon , qui de bon
rencontre s'y trouua. Ils con-
fultent par entr'eux , l'efpace de
plus de deux autres heures. Enfin
ils me rappellent parmy eux, &
me donnent feance en vn lieu ho-
norable.

Celuy des Capitaines qui eft la
langue du païs, & comme l'orateur,

repete

repete fidelement le preſſis de toutes mes paroles. Puis ſe mettans
tous à chanter, en ſigne de reiouïſ-
ſance, il me dirent qne ie priaſſe
Dieu de mon coſté, ce que ie fis
tres-volontiers.

Apres ces chanſons, il me parle
au nom de ſa nation, 1. Il remercie
Onnontio des bonnes volontez
qu'il a pour eux, & produit pour
cet effet deux grans coliers de
Porcelaine.

2. Au nom des Iroquois Anniehronnons, il nous remercie d'a-
uoir fait donner la vie, à cinq de
leurs alliez, de la Nation du Loup,
deux autres colliers pour cela.

3. Au nom des Iroquois Sonnontoehronnons, il nous remercie d'a-
uoir retiré du feu cinq de leurs
gents; deux autres colliers ſuiuent
à chaque preſent des acclamations

F

de toute l'assemblée.

Vn autre Capitaine de la Nation des Onneiocrónons se leue: Onnontio, dit-il, parlant de Monsieur de Lauson nostre Gouuerneur absent, Onnontio, tu es le soustien de la terre, ton esprit est vn esprit de Paix, & tes paroles adoucissent les cœurs les plus rebeles. Apres d'autres louanges, qu'il disoit d'vn ton animé d'amour, & de respect. Il fait paroistre quatre grands colliers, pour remercier Onnontio, de ce qu'il les auoit encouragez à combatre genereusement contre leurs nouueaux ennemis de la Nation du chat, & de ce qu'il les auoit exhortez à n'auoir plus iamais de guerre contre les François. Ta voix, dit-il, Onnontio est admirable, de produire en mesme temps dedans mon cœur deux ef-

fets tout contraires, tu m'animes à
la guerre, & adoucis mon cœur
par des pensées de Paix, tu es & pa-
cifique & grand guerrier, bien faisant à ceux que tu aimes, & terri-
ble à tes ennemis. Nous voulons
tous que tu nous aimes, & nous ai-
merons les François à cause de toy.

Pour conclure ces remerciemens,
le Capitaine Onnontaerrhonnon
prend la parole. Escoute, Ondes-
sonk, me dit-il, Cinq Nations entieres te parlent par ma bouche;
i'ay dans mon cœur les sentimens
de toutes les Nations Iroquoises,
& ma langue est fidelle à mon
cœur. Tu diras à Onnontio quatre choses, qui est le sommaire de
tous nos Conseils.

1. Nous voulons reconnoistre celuy dont tu nous as parlé, qui est
le maistre de nos vies, qui nous est
inconnu.   F ij

2. Le May de toutes nos affaire[s]
est auiourd'huy planté à Onno[n-]
tagé, il vouloit dire que ce sero[it]
dorenauant le lieu des assemblée[s]
& des pourparlers pour la Paix.

3. Nous vous coniurons de cho[i-]
sir sur les riuages de nostre gra[nd]
lac, vne place qui vous doiue est[re]
auantageuse, pour y bastir vne h[a-]
bitation de François. Mettez vo[us]
dans le cœur du pais, puisque vo[us]
deuez posseder nostre cœur. [...]
nous irons nous faire instruire : [...]
de là vous pourrez vous respand[re]
par tout. Ayez pour nous des so[ins]
de Peres, & nous aurons pour v[ous]
des soumissions d'enfants.

4. Nous sommes engagez dans [de]
nouuelles guerres ', Onnon[...]
nous y anime. Nous n'aurons p[lus]
que des pensées de Paix pour [...]
Ils auoient reserué leurs plus

ches presens pour ces quatre der-
nieres paroles, mais ce que ie puis
asseurer, c'est que leur visage parloit plus que leur langue, & que la
ioye s'y faisoit voir, auec tant de
douceur, que mon cœur en estoit
comblé.

Ce qui me paroist de plus aimable en tout cecy, c'est que tous nos
Chrestiens Hurons, & les femmes
Captiues ont allumé ce feu, qui
brusle le cœur des Iroquois. On
leur a dit tant de biens de nous, &
on leur a parlé si souuent des
grands biens de la Foy, qu'ils l'esti-
ment sans la connoistre, & qu'ils
nous aiment, dans l'esperance que
nous serons pour eux, ce que nous
auons esté aux Hurons.

Pour reuenir à la suitte du iournal du Pere,   L'onziesme iour d'Aoust. Ce ne sont, dit le

Perc, que des feſtins, & des ré-
jouiſſances par tout. Mais la nuit,
il ſuruint vn mal-heur: Le feu s'e-
ſtant pris en vne cabane, on ne ſ
ſçait pas comment, vn vent impetueux porte les flames ſur les autres, & en moins de deux heures,
on en voit plus de vint reduites en
cendre, & le reſte du bourg en
danger d'eſtre conſommé. Dieu
nonobſtant conſerua les eſprits
dans la ioye du iour precedent, &
leur cœur auſſi calme pour moy,
que ſi ce malheur ne fuſt point arriué.

Le 12. Nos captiues Cheſtiennes,
voulans ſe confeſſer auant mon
depart, me donnerent de l'exerci-
ce; ou pluſtoſt le repos que ie ſou-
haittois. Ie baptizay vne petite
fille de quatre ans, qui ſe mou-
roït. Ie recouuray de la main d'vn

de ces barbares, le nouueau tefta-
ment du feu Pere Iean de Brebeuf,
qu'ils ont fait mourir cruellement,
il y a cinq ans, & vn autre petit li-
uret de deuotion, qui auoit feruy
au feu Pere Charles Garnier, qu'ils
ont eux-mefme tué, il y a quatre
ans; Ces deux Peres eftoient en
leur Miffion, lorsque cette heureufe mort leur arriua, pour re-
compenfe des trauaux de plufieurs années, qu'ils auoient fain-
tement employées en toutes ces
contrées. Pour moy, qui fuis tef-
moin de la fainteté de leur vie, &
de la gloire de leur mort, ie feray
plus d'eftat toute ma vie de ces
deux petits liurets, leurs aimables
reliques, que fi i'auois rencontré
quelque mine d'or, ou d'argent.

Le 13. au fuiet de l'embrafement
arriué, pour fuiure la couftume

des amys en pareils rencontres,
ayant conuoqué le conseil, ie leur
fis deux presens pour les consoler.
Et pour ce dessein, au nom d'A-
chiendassé (c'est le nom du superieur general de toutes les Missions de nostre Compagnie en ces
contrées) Premierement, ie leur
plantay le premier pieu, pour commencer vne cabane, c'est comme
si en france, on mettoit la premiere pierre d'vne maison qu'on veut
bastir. Mon second present fut,
pour ietter la premiere escorce qui
deuoit couurir la cabane. Ce tes-
moignage d'affection les conten-
ta, & trois de leurs Capitaines,
m'en remercierent publiquement, par des harangues qu'on ne
croiroit pas pouuoir partir de l'esprit de ceux qu'on appelle sauuages.

Le 14. vn ieune Capitaine, qu'ils auoient fait le chef d'vne leuée de dix-huit cents hommes, qui deuoient au pluftoft partir pour aller en guerre contre la Nation du chat, me preffe de le baptifer. Il y auoit quelques iours que ie luy donnois quelque inftruction. Et comme ie voulois luy faire efti-mer cette grace, en la differant à quelque autre voyage : Hé quoy mon frere, me dit-il, fi i'ay la Foy dés auiourd'huy, ne puis-ie pas eftre Chreftien? as tu du pouuoir fur la mort, pour luy deffendre de m'attaquer auant tes ordres? Les fleches de nos ennemis feront-elles emouffées pour moy ? Veux-tu qu'à chaque pas que ie feray dans le combat, ie craigne plus l'enfer que la mort? Si tu ne me baptife, ie feray fans courage, & ie n'oferay aller aux coups. Baptiſe moy, car ie veux t'obeir, & ie te donne ma parole, que ie veux viure & mourir Chreſtien.

Le 15. De grand matin, ie mene mon Catechumene à l'eſcart, & voyant ſon cœur ſaintement diſpoſé au bapteſme, ie luy donne le nom de mon cher Compagnon de voyage, Iean Baptiſte. Il m'embraſſe, & me reſpand ſon cœur auec amour, & me proteſte que Ieſus ſera toute ſon eſperance, & ſon tout.

Cependant on me cherche partout, pour me faire faire mon feſtin d'Adieu, tous les conſiderables, hommes & femmes, eſtans inuitez en noſtre cabane, en mon nom, ſelon la couſtume du pais, afin d'honnorer mon depart.

Nous partons en bonne compa-

gnie, apres les crys publics des
Capitaïnes, c'est à qui se chargera
de nostre petit meuble.

A vne demie lieuë de là, nous
trouuons vne troupe d'anciens,
tous gents de conseil, qui m'attendoient pour me dire Adieu dans
l'esperance de mon retour qu'ils
tesmoignent souhaiter auec em-
pressement.

Le 16. Nous arriuons à l'entrée
d'vn petit lac, dans vn grand bas-
sin à demy seché, nous goustons
de l'eau d'vne source qu'ils n'osent
boire, disants qu'il y a dedans vn
demon qui la rend puante ; en
ayant gousté, ie trouuay que c'e-
stoit vne fontaine d'eau salée:& en
effet nous en fismes du sel, aussi na-
turel que celuy de la mer; dont
nous portós vne móstre à Quebec.
Ce lac est tres poissonneux en trui-

res saulmônées, & autres poiſſons.

Le 17. Nous entrons dans leur riuiere, & à vn quart de lieuë, nous rencontrons à gauche, celle de Sonnontouan, qui groſſit celle-cy, ellemeine diſent-ils, à Onioen, & à Sonnontouan en deux couchées. A trois lieuës de là de tres-beau chemin, nous quittons à la main droite la Riuiere d'Oneiout, laquelle nous paroiſt bien profonde. Enfin vne bonnelieuë plus bas, nous rencontrons vne bature qui donne le nom à vn vilage de peſcheurs. I'y trouuede nos Chreſtiens, & Chreſtiennes Huronnes, que ie n'auois pas encoré veu. Ie les confeſſe auec bien de la satiſfaction de part & d'autre.

Le 18, tandis que mes matelots mettent leurs canots en eſtat, vne de ces bonnes Chreſtiennes, me fit baptizer son enfant de deux ans; afin, disoit-elle, qu'il aille au ciel, auec sa petite sœur autresfois baptisée, que ces gents cy m'ont massacré. Ie baptizay vn autre petit innocent qui haletoit à la mort.

Le 19. Nous aduançons chemin, sur la mesme Riuiere, qui est d'vne belle largeur, & profonde partout; a la reserue de quelques batures, où il faut se mettre en l'au, & traisner le canot, crainte que les roches ne le brisent.

Le 20. Nous arriuons au grand lac, Ontario, appellé le lac des Iroquois,

Le 21. Ce lac est en furie, à cause de la rage des vents, apres vn orage de pluie.

Le 22. Costoyans doucement les riues de ce grand lac, mes matelots tuent d'vn coup de fusil vn grand

Cerf. Nous nous contentons de
leur voir faire leurs grillades mon
compagnon & moy, estant Same-
dy, iour d'abstinence pour nous.

Le 23. Nous arriuons au lieu
qu'on nous destine pour nostre
maison, & pour vne habitation
Françoise. Ce sont des prairies ra-
uissantes, bonne pesche, vn abord
de toutes les Nations. Là i'y trouuay de nouueaux Chrestiens, qui
se confesserent, & qui me donnerent de la deuotion dans leurs sentimens de Pieté.

Le 24. & le 25. le vent nous ayant
arresté, le 26. nos matelots, s'estant
embarquez deuant que la tempe-
ste fust appaisée, vn de nos canots
s'entrouurit, & nous pensames être
abysmez; mais enfin nous nous iet-
tames dans vne isle, & là nous nous
sechasmes tout à loisir.

Le 27. ſur le ſoir, vn petit calme
nous donne temps pour regagner
la terre ferme.

Le 28 & le 29. La chaſſe arreſte
mes matelots, qui ſont en la meilleure humeur du monde : car la
chair eſt le Paradis d'vn homme de
chair.

Le 30. & le dernier du mois
d'Aouſt, la pluye & le vent incom-
modent beaucoup de pauures
voyageurs, qui ayans trauaillé le
iour, ſont mal menez toute la nuit.

Le premier iour de Septembre, iamais ie ne vy tant de beſtes-fauues
mais nous n'auions pas enuie de
chaſſer, mon cõpagnõ en tuë trois
quaſi malgré luy, quel dommage,
car nous laiſſaſmes là toute la venaiſon, à la reſerue des peaux, & de
quelques morceaux plus delicats.

Le deuxieſme du mois, faiſans

chemin sur de grandes prairies, nous voyons en diuers endroits de grands troupeaux de bœufs & de vaches sauuages, leurs cornes sont en quelque façon approchantes des rameures d'vn cerf.

Le 3. & le 4. Nostre chasse ne nous quitte point, il semble que le gibier & la venaison nous suit partout. Des bâdes de vingt vaches se iettent à l'eau, quasi pour nous venir au rencontre, on en tuë àcoups de hache en se ioüant.

Le 5. Nous faisons en vn iour le chemin, qui nous auoit arrestez deux grandes iournées montant par des rapides & par des brisans.

Le 6. Nostre sault S. Louis fait peur à mes gents. Ils me mettent à terre quatre lieuës au dessus de l'habitation de Montreal, & Dieu me donne assez de forces pour arriuer

...uer auant midy, & celebrer la
Sainte Meſſe, dont i'auois eſté pri-
é durant tout mon voyage.

Le 7. Ie paſſe outre, & deſcend
pour les trois Riuieres, où mes
matelots deſirent aller.

Nous n'arriuaſmes à Quebec, que
l'onzieſme iour du mois de Septembre de cette année· 1654.

CHAPITRE VIII.

*Deſſein pris d'aller au Printemps de
l'année prochaine commencer vne habitation dans le grand Lac des Iroquois, & d'y faire vne Miſſion
pour tous ces peuples.*

IL n'appartient qu'à Dieu de
tirer la lumiere du milieu des
tenebres, & de faire naiſtre de
l'aigreur de la guerre & de la trahiſon, la douceur de la Paix & de

G

l'amour: en vn mot de faire to[u]-
tes choſes, du neant, de produi[re]
au milieu du deſeſpoir vne douc[e]
eſperance.

Nous auons ſouhaité de to[ut]
temps le Salut de nos ennemi[s]
lors meſme que leur cruauté s'o[p]-
poſoit au ſalut de toutes ces co[n]-
trées. C'eſt leur fureur qui a deſo[lé]
les pais des Nations Algonquin[es]
& Hurones, en meſme tem[ps]
qu'ils auoient commencé de fa[ire]
vn Peuple tout Chreſtien: Ils o[nt]
bruſlé cruellement & les paſteu[rs]
& le troupeau: Mais enfin le ſa[ng]
des martyrs s'eſt fait enten[dre]
dans le ciel: & nous nous voy[ons]
appellez pour annoncer la Foy, [à]
ces cruels Barbares, qui ſembloi[ent]
n'eſtre au monde que pour s'y o[p]-
poſer. En vn mot, les Iroq[uois]
nous preſſent de les aller inſtr[uire]

 re, & ils demandent auec instance,
qu'on aille bastir sur leur Lac vne
habitation de François, qui leur
serue d'azile, & qui soit vn lien
de paix entre eux & nous.

Apres auoir veu leurs poursuit-
tes, leurs Ambassades & leurs presens pour cet effet : & les plus
sages des François ayans iugé
d'ailleurs, que c'estoit l'vnique
moien de former vne Paix veritable auec ces Nations Infideles :
Monsieur nostre Gouuerneur s'est
heureusement veu obligé, de leur
accorder leurs desirs, & les no-
stres.

Cette parole leur en ayant esté
donnée pour le Printemps prochain, leur cœur n'a pû se com-
prendre de ioye, leur visage nous
a parlé plus que leur langue, &
Dieu nous a fait esperer qu'il ti-

reroit fa gloire, & noftre bien, d
cofté de nos ennemys, *falutem e*
inimicis noftris.

N'y euft-il que les Enfans à b
ptifer, qui meurent tous les iou
fans baptefme, c'eft vn gain affeu
ré pour le ciel, qui vaut plus qu
dix mille vies, n'y euft-il que le fe
cours qu'attend de nous vne Egli
fe Captiue, y ayant plus de mill
Chreftiens, hommes & femm
Huronnes, qui n'y ont pas perd
leur foy , apres auoir perdu le
pais , & leur liberté, leurs paren
& leur vie; nous ferions oblige
eftans leur Anges tutelaires, d
paffer à trauers les flammes, po
leur tendre les mains, & pour l
conduire au ciel. Mais puifqu
Dieu nous donne occafion d'efp
rer quelque chofe de plus auant
geux pour fa gloire, que tout cel

& que mefme les Infideles nous
coniurent de les vouloir rendre
Chreftiens; il n'eft pas en noftre
pouuoir de leur refufer cette grace, à moins que d'eftre infideles
nous-mefmes à la grace de Dieu.

Monfieur noftre Gouuerneur
voyant cette porte ouuerte au
cours de l'Euangile, & ce moien
fi important , & l'vnique qui
nous paroiffe pour conferuer la
Paix ; a defia donné Commif-
fion à vne perfonne de merite,
pour commander cette nouuelle
habitation. Nos François, à l'en-
uy l'vn de l'autre, fe prefentent de
tous coftez, pour fe ioindre de la
partie, & le zele dans lequel on
s'y porte, nous fait affez connoi-
tre , que Dieu y opere plus que
nous.

Les Iroquois viendront eux-mef-

mes nous querir dans leurs grands
canots, apres que les neges, & les
glaces seront fonduës. Ils nous
doiuent amener de leurs filles en
ostage, que les Meres Vrsulines re-
cueilliront auec amour, en leur
maison de charité, pour en faire
autant de Chrestiennes. Le Pere
Simon le Moine est pour retourner dez cet automne, afin d'yuer-
ner auec eux, & aduancer toûjours
d'autant les affaires de Dieu, & la
conuersion de ces peuples.

Le lieu qu'il nous ont destiné
pour cette habitation nouuelle
est sur le grand lac des Iroquois
qui se respandent du costé du midy. Le costé du Septentrion, tirant vers l'occident, est l'ancien
païs des Hurons, & le plus court
chemin, pour entretenir le commerce & de la foy, & du negoce

uec quantité de Nations tres
peuplées, qui nous sont alliees de
tout temps , & qui ont quantité
d'alliances, auec d'autres Nations
plus esloignées; dont quelques-
vnes ont desia des commence-
mens de la Foy , & toutes sont
pour la receuoir quelque iour, puis
qu'il faut que Iesus-Christ soit enfin adoré par toutes les nations du
monde.

Le peu d'ouuriers que nous sommes, pour vn pais si estendu, fait
que nous leuons les mains au ciel,
pour demander secours: Quiconque aime sa vie, de l'amour qu'il
la faut aimer, & la veut perdre
saintement, trouuerra dans ces
Missions abandonnées les desirs
de son cœur.

CHAPITRE IX.

Estat de la Colonie Huronne dans l'Isle d'Orleans.

QVand nous quittasmes les Hurons, l'année 1650. le païs estant desolé par la cruauté des Iroquois : nostre veuë fut qu'amenant auec nous les familles Chrestiennes, qui pourroient nous accompagner, nous sauuerions du moins quelques restes d'vn peuple que Dieu auoit appelé à la Foy, qui seruiroit vn iour de seméce, pour repeupler le Christianisme en toutes ces contrées, Ceux qui se dissiperent ailleurs, ont trouué la mort qu'ils fuyoient, la plus grande part n'ayans pû s'escarter si loin de la fureur des Iro-

quois, qu'ils n'ayent esté comme
autant de victimes, les vns bruslés
cruellement, les autres tuez sur la
place, ou emmenez captifs, & mesme il est arriué que plusieurs se sont
massacrez les vns les autres, apres
s'estre sauuez de l'ennemy ; n'y
ayant plus entre-eux aucune forme de Republique, ny mesme
aucune societé de vie ; chacun se
pouruoyant comme il pouuoit, &
les plus forts opprimans les plus
foibles , pour voler le peu qu'ils
auoient.

Ceux qui nous ont suiuy, ont
trouué auec nous le salut de l'ame
& du corps. Pour les fixer en vn
lieu arresté (les Hurons n'estans
pas vne Nation errante) on leur as-
signa vn departement separé des
François, dans l'isle d'Orleans, à
la veuë de Quebec, enuiron deux

lieuës au deſſous. Il fallut les nour-
rir, hommes, & enfans, les deux
premieres années, il fallut leur baſtir vne Egliſe, & vn reduit pour
les tenir en aſſeurance, contre les
incurſions des Iroquois, dont la
crainte les ſuiuoit par tout: il a fallu
leur fournir des chaudieres, & des
haches, & méme dequoi ſe couurir
à la plus grande part des familles.
Nous auons eſté obligez de continuer cette depenſe, pour quantité de pauures, de malades, & de
perſonnes inualides: en vn mot,
nous leur ſeruons de Peres, de
Meres & de tout.

Les frais vont à l'excez pour le
nombre de cinq à ſix cens perſonnes, mais la Charité des ſaintes
ames qui ont voulu contribuer à
ce grand entretien, eſt encore plus
exceſſiue. Leur modeſtie retient

ma plume, & ne me permet pas de
les nommer; ils se contentent que
leur nom soit escrit dans le liure
de vie, & sans doute qu'il sera im-
mortel.

La deuotion, & la foy regnent
dans ce petit reduit, outre les prieres qu'vn chacun fait en particulier, soir & matin dans sa cabane,
ils assistent aux Prieres publiques
qui se font en l'Eglise, à peine di-
stingue-t'on les iours ouurables,
des Dimanches & des Festes, sinon par la frequence des Com-
munions, que l'on fait en ceux-
cy, & par le Chapelet, que l'on
vient reciter sur iour, qu'ils disent
hautement à deux chœurs, en la
place des Vespres.

L'ordre de venir aux Prieres, est
distingué par trois diuers sons de
Cloche. Le premier appelle ceux

de la Congregation , l'élite des
Chreſtiens. Le ſecond coup eſt
pour les autres. Le troiſieſme,
pour les enfans, au deſſous de qua-
torze à quinze ans ; qui ſe diuiſent
en deux bandes , les garçons d'vn
coſté, & les filles d'vn autre. Leur
modeſtie, & leur deuotion feroit
rougir beaucoup de François.

Sortant de la Chapelle, les enfans entrent en noſtre cour , diuiſez derechef en deux bandes, on
leur fait vn petit Catechiſme.
Ceux qui reſpondent bien , ga-
gnent quelque choſe pour leur
deſieuner. Si quelque enfant auoit
commis quelque immodeſtie durant les Prieres , tant luy, que ſes
compagnons, ſont priuez ce iour
là, des faueurs ordinaires. Le
meſme arriue aux filles, quand
quelqu'vne d'elles manque à ſon

deuoir dans la Chapelle. Cela
les retient puiſſamment, leurs
compagnons ou leurs compagnes
leur en faiſans reproche , qui leur
tient lieu d'vne tres-grande pu-
nition.

La beauté de leur voix eſt rare
par excellence , particulierement
des filles. On leur a compoſé des
Cantiques Hurons , ſur l'air des
Hymnes de l'Egliſe, elles les chantent à rauir. C'eſt vne ſainte conſolation, qui n'a rien de la barba-
rie, que d'entendre les champs &
les bois reſonner ſi melodieuſe-
ment des loüanges de Dieu , au
milieu d'vn pays , qu'il n'y a pas
long-temps qu'on appelloit barbare.

Autresfois c'eſtoit vne ſuperſti-
tion , qui nous a bien donné de
la peine à combatre , de chanter

aupres des malades, inuoquant les
demons de la maladie, pour ap-
paiser leur mal. Maintenant cette
couſtume s'eſt tournée en vraye
deuotion. On fait venir les filles
muſiciennes, dans la cabane des
malades, pour y chanter les loüanges de Dieu.

Vne d'entre elles eſtant aux abois
de la mort, pouſſoit ſi doucement
ces hymnes, d'vn viſage ſi plein de
ioye, que céluy de nos Peres qui
luy vit rendre l'ame, quaſi en meſme téps qu'elle acheuoit les ſacrez
nós de Ieſus, & de Marie, ne douté
point qu'ils ne fuſſent en ſon cœur,
& qu'ils ne le rempliſſent maintenant des douceurs de l'Eternité.
C'eſtoit vne maladie, & longue
& douloureuſe, qu'elle ſouffroit
d'vn courage digne d'vn vray
Chreſtien, ſans ſe plaindre, ſans

demander la guerison; mais di-
fant cent & cent fois le iour: Iesus
voit bien ce qui m'est bon, Iesus
m'aime, & il sçait bien que ie le
veux aimer. Il voit que ie souffre
beaucoup, ie veux souffrir, puis
qu'il le veut. Iesus seul est le grand
maistre de nos vies, il doit luy seul
estre obeï.

Leurs songes estoient autresfois
le Dieu de leur cœur, maintenant
Dieu est dans leurs songes; car la
plus part n'en ont point d'autres,
sinon de Dieu & du Paradis, & de
l'Enfer, & des Anges, qui les inuitent en songe, à venir à eux dans
le ciel.

Vn ieune homme malade à l'ex-
tremité, vit approcher aupres de
soy (il ne sçait si c'est en songe,
ou non :) vn enfant d'vne rare
beauté, qui le regardant d'vn

œil d'amour, & luy infpirant dans
le cœur des fentimens de deuotió,
plus doux qu'il n'auoit iamais ref-
fenty, forma fur luy le figne de la
Croix, & luy rendit à l'heure mefme vne fanté parfaite. Il iugea
lors, & il le croit encore, que ce
foit fon Ange gardien. Nous n'en
fçauons pas dauantage: mais nous
fçauons bien que les Anges ne
trouuent point de difference, entre les Ames des Sauuages, & les
noftres.

La mort d'vne pechereffe con-
uertie dans la maladie me paroift
encore plus aimable, que ne fut
cette guerifon. Cette femme
eftant tombée malade, fut incon-
tinent aduertie par vne fienne
fœur, excellente Chreftienne, de
fe preparer à la mort, par vne bonne confeffion, & dire au plus fort
de

de son mal, Iesus ayez pitié de moy
ie souffre, puisque vous le voulez:
mon peché l'a bien merité. La malade obeit, Dieu luy ayant touché le cœur, en ce mesme mo-
ment elle enuoye querir vn de
nos Peres, luy descouure tous ses
pechez auec douleur, & repete
sans lassitude cent & cent fois,
auec plaisir, la petite priere que
l'on luy auoit enseignée. Chaque
fois qu'elle voit le Pere, mes pechez, luy dit elle, sont tousiours
deuant moy, ie ne puis assez les
pleurer Dieu me les a t'il pardon-
nés? enfin la huitaine acheuée;
Mon cœur, dit elle au Pere, est
maintenant en Paix, i'espere en la
bonté de Iesus, qu'il me fera misericorde; il m'a pardonné mes pechez & ie verray bien-tost, ma
petite Vrsule dans le ciel. Dez le

H

iour mesme, elle rendir son ame
Dieu, auec des ioyes qui ne son
pas conceuables, sinon à vn cœu
vrayement remply des esperanc
du Paradis.

Cette petite Vrsule estoit yn
sienne fille d'enuiron neuf an
qui estoit morte fort peu aupara
uant, prononçant iusqu'au de
nier souspir, Iesus ayez pitié d
moy.

CHAPITRE X.

De la premiere Congregation de
Nostre Dame parmy les
Sauuages.

CE qui a le plus aidé à met
l'esprit de feruceur dans cet
Colonie Huronne, c'est la Deu
tion qu'ils ont pris cette dernie
année, pour honorer la Viefg

Nos Peres, qui en ont le soin, pour
les y animer dauantage, ont fait
vne Congregation, où ils n'admet-
tent que ceux, & celles, qui sont
d'vne vie exemplaire, & qui par
leur vertu se rendent dignes de
cette grace.

Du commencement cette Congregation n'estoit que de dix, &
douze personnes; qui rallumerent
leur ferueur, se voyans choisys par
preferance aux autres, & obligez
de remplir la dignité de ce beau
nom, SERVITEVR DE LA
VIERGE.

La plus part s'en voyans exclus,
taschent de s'en rendre dignes : ils
demandent humblement à nos
Peres, ce qu'on trouue à redire en
eux, qu'ils sont prests de s'en cor-
riger, qu'ils veulent estre enfans
de Marie, ou mourir en la peine.

H ij

On leur dit à chacun leurs defaut
à l'vn, qu'il eſt negligent aux prie
res publiques; à l'autre qu'il n'a pa
aſſez de ſoin de mettre en ſa fami
le, l'eſprit de Dieu; à vne femme
qu'elle eſt trop prompte à la cole
re : a vn autre, qu'elle eſt medi
ſante, & que par ſes rapports ell
met ſouuent la diuiſion dans le
familles. Le bon eſt, que la plu
part, en peu de temps, changen
tellement de vie, que nos Pere
ſont obligez de mois en mois, d'e
receuoir vn grand nombre, qui
meritent. Ils y entrent auec d
ioyes inconceuables, dans l'eſpe
rance qu'ils conçoiuent, qu'eſtr
digne enfant de la Vierge, c'e
eſtre comme aſſeuré de ſon ſa
lut.

Les Dimanches & les feſtes, i
s'aſſemblent dez le point du iou

Au lieu de l'office de la sainte Vierge, qu'ils ne peuuent pas reciter, ils
difét leur chapelet à deux chœurs,
les hommes d'vn cofté, & les femmes de l'autre, qui font en plus
grand nombre, & ie puis dire en
verité que parmy les fauuages, auffi bien qu'au refte du monde, c'eft
le fexe deuot. Leur affemblee eft
d'enuiron vne heure; car à la fin de
chaque dixaine du chapellet, ils
font vne paufe en filence, où le Pere leur dit vn mot d'exhortation :
& fouuent le prefect de la Congregation, qu'ils ont choifi eux-
mefmes, & bien choify : car en effet, c'eft vn Chreftien d'vne rare
vertu, & remply d'vn faint zele.
Apres la premiere dixaine, il les
exhorte a prier auec attention,
& fe refouuenir que la Sainte Vierge les voit. En fuite d'vne autre di-

H iij

xaiñe, il leur dit que le vray cul-
te de la Vierge, c'eſt d'auoir le peché en horreur, & qu'il faut que ce
ſoit par là, qu'on reconnoiſſe les
enfans de Marie. Vne autre fois il
leur dit, que ce qui conſole la
Vierge, c'eſt lors qu'elle voit qu'e-
ſtans ſortis de la chapelle, ils ne
s'oublient pas d'elle, & que ſans
ceſſe, ils luy diſent du profond du
cœur, ſaincte Vierge ie veux vous
ſeruir, en ſuitte d'vne autre dixaine : Mes freres, leur dit il, quand
nous ſommes tentez, c'eſt alors
que vrayement la ſaincte Vierge
voit ceux qui ont du reſpect & de
l'amour pour elle. Diſons luy dans
la tentation, Sainte Vierge c'eſt
voſtre Fils Ieſus que i'aime, plus
que ce plaiſir qui me tente. Si la
tentation continuë, continuons à
luy dire le meſme : quiconque ai-

...me Iesus, n'aime pas le peché.

Cette premiere assemblée du matin, n'est qu'vne disposition pour la messe, qui se dit sur le haut du iour, où plusieurs Communient, auec des tendresses, qui nous font voir que Iesus est le Dieu des sauuages, aussi bien que le nostre. Le Gloria in excelsis, le Credo, le Pater, tout se chante par nos musiciens & musiciennes innocens, en langue Huronne, sur le mesme chant de l'Eglise, non pas qu'ils chantent la messe : mais ils chantent pendant la messe, ces hymnes & ces saintes prieres.

Sur le midy, ils se rassemblent pour le sermon, & pour le chapelet qui se dit encor à deux chœurs, comme le matin, meslant à la fin de chaque dixaine, le chant des hymnes de l'Eglise, où ces bons sau-

H iiij

uages reçoiuent, & donnent beaucoup de deuotion.

Le soir, proche de la nuit, on s'af-
semble pour vn salut : où se chantent les Litanies de Iesus, ou celles
de la Vierge, & quelques motets
Hurons, en l'honneur du saint sa-
crement.

L'ambition des Congregani-
stes, c'est d'estre irreprochables en
leurs mœurs, & c'est en quoy Dieu
les benit. Les ieunes filles & femmes, sont quasi à couuert de la
tentation, dez qu'elles ont pû obtenir d'estre de la Congregation :
Elle est fille de Marie, dira-t'on à
vn debauché, c'est à dire, qu'il n'a
rien à esperer de ce costé là. Ie suis
fille de la sainte Vierge, disent-el-
les pour toute response, à quiconque a le front de leur porter vne
mauuaise parole.

En effet, c'est vne chose rauissan-
te de voir la tendresse, & la pureté
de leur conscience, dans la liberté
qu'elles auroient de pecher, si la
crainte de Dieu n'estoit plus forte
dans leur cœur, que ne peut estre
vne coustume inueterée en vn
païs depuis quatre mille ans, qui
leur permettoit en cela, tout ce
que le plaisir agrée.

Le pardon des iniures, est vne
marque des plus certaines de l'a-
mour de Dieu en vn cœur. Vne
mere voyant son fils vnique, battu auec outrage, & blessé grieue-
ment par vne femme, que la pas-
sion auoit emporté dans l'excez:
quoy que le sang dont cét enfant
estoit couuert, l'emeust à la vengeance, qui luy estoit faite, va
trouuer en pleurant le Pere qui
gouuerne sa conscience. Ie te prie,
luy dit-elle, viens auec moy dans

la chapelle de Marie: mon cœur
voudroit eftre mefchant ; mais tu
nous apprends que la Vierge n'aime que la douceur; tu nous as dit
qu'elle a veu crucifier fon fils,
qu'elle a pleuré dans fes douleurs;
mais que fes larmes parloient à
Dieu, auffi bien que fon cœur, &
qu'en mefme temps elle pardon-
noit à fes ennemis. Ie pleure l'outrage fait à mon fils ; mais ie veux
que mes larmes foient femblables
à celles de Marie, ie pardonne de
tout mon cœur à celle qui m'a of-
fenfé.

Sortans de la chapelle , ils font
rencontre de la tante de l'enfant
bleffé, qui au bruit de ce qui eftoit
arriué en la perfonne de fon nepueu, auoit efté auec efcorte pour
fe vanger de cette iniure ; Vne
bonne Chreftienne la voyant dedans l'emotion; hé quoy, MA fœur,

luy dit-elle, tu t'oublies donc que
tu es fille de la Vierge, & que la
vangeance d'vn bon Chreſtien,
c'eſt de pardonner les iniures? Va
t'en trouuer le Pere, & qu'il te gue-
riſſe l'eſprit. Cette tante venoit
pour trouuer cette guēriſon : mais
elle eſtoit deſia guerie, puis qu'elle le vouloit eſtre. C'eſt la ſainte
Vierge qui fait dans les ames ces
changemens, qui ne ſont point
des ouurages de la nature.

Vne autre Mere voyant mou-
rir vne fille qu'elle aimoit tendre-
ment, ſainte Vierge, luy diſoit-el-
le, i'eſtois inconſolable par le paſſé, quand quelqu'vn de mes proches mouroit ; mais depuis que ie
ſuis voſtre fille, & que ie ſçais que
pour vous agreer, il faut vouloir
ce que Dieu veut, ie ſuis contente
de voir mourir mon cher enfant,

ie n'ay plns befoin d'autre confo-
lation , finon que vous eftes ma
mere, & que ie feray voftre fille,
pourueu que ie dife à Iefus que ie
trouue bon ce qu'il fait.

La grace, que demandent fur
toutes autres chofes, ces bons
Congreganiftes, c'eft celle d'vne
heureufe mort, & c'eft celle que la
fainte Vierge leur a donné iufques
à maintenant, plufieurs eftans
morts cette année.

La premiere fut vne ieune femme d'enuiron trente ans: Se voyãt
accueillie d'vne pleurefie qui courroit, elle va dans la Chappelle de
Notre-Dame, elle s'y confeffe
auec tant de larmes, & de fanglots
que le Pere qui l'entendoit en confeffion , m'a affeuré, n'auoir iamais
efté fi touché en fa vie, qu'il le fut
cette fois la. Elle entend vne Mef-

se entiere à deux genoux, nonob-
stant l'excez de sa douleur. Ie n'en
puis plus, dit-elle en sortant ;
mais puis qu'il faut mourir,
ie veux mourir en honorant la
Vierge. Sus iour, vn de nos Peres la va voir, il la trouua disant
son chappelet: Ma sœur luy dit le
Pere, contente toy de parler en ton
cœur à Dieu, & de luy dire qu'il
ayt pitié de toy. Ouy bien, dit elle,
ie le diray sans cesse, car ie ne puis
songer qu'à luy. En effet elle auoit
tousiours cette courte priere au
cœur, & souuent en la bouche ;
mais lors que la vehemence du
mal relaschoit quelque peu, elle
reprenoit son chapelet & disoit
que cette priere luy sembloit plus
douce, & plus aimable que toutes les autres.

Durant tout le cours de sa mala-

die, iamais elle ne nous demanda
aucun foulagement pour fon
corps; toutes fes penfées n'eftoiét
que pour fon ame : elle ne vouloir,
& ne pouuoit quafi entendre parler d'autre difcours. Quand méfme nous l'intrerogiós de fon mal :
Mon frere, difoit-elle, ne te mets
pas en peine de ce corps languif-
fant qui doit pourir; mais parle
moy de Dieu, car cela feul eft cequi
me confole ; Au moindre mot
qu'on luy peuftfuggerer de quelque courte priere, elle l'ampli-
fioit d'elle mefme & nous ra-
uiffoit des fentimens de Pieté
qu'elle monftroit.

Au mefme temps que celle-cy
eftoit malade, fa Mere, vne ancienne Chreftienne, l'eftoit auffi;
couchée vis à vis d'elle, qui mou-
rut fort peu de iours apres. Cette

pauure fille mourante encoura-
geoit sa mere, à supporter auec
amour les douleurs de la maladie,
& à attendre auec ioye les mo-
ments de la mort. La mere nous
asseura que nuit & iour cette bonne fille ne cessoit de prier Dieu, &
qu'vne fois entreautres, apresauoir
souuent reïteré cette priere, Iesus
ayez pitié de moy, menez moy
dans le ciel à l'heure de ma mort;
qu'elle s'estoit escriée, Voila Iesus
qui vient ayant pitié de moy. O
que vous estes beau, mon bon Iesus, ie vous réd graces, vous aurez
dóc pitié de moy: menés moy dóc
au ciel, puis que ie vais mourir.

Vn de nos Peres suruenant la dessus, & la voyant proche de la mort,
luy mit son Crucifix en main, luy
suggerant quelques courtes prieres, mais cette heureuse agonisan-

te, ne se contentant pas de si peu, continua d'elle-mesme à apostropher Iesus crucifié, auec des sentimés si affectueux qu'elle tira des larmes des yeux de ce bon Pere qui l'assistoit. C'est donc, ô bon Iesus, luy disoit-elle, pour vne pauure gueuse, comme moy, que vous, le maistre de nos vies, ayez souffert d'estre crucifié en la façon que ie vous voy! Ce sont mes pechez, ô Iesus, qui vous ont dechiré tout le corps! O malheureux peché! ô malheureuse pecheresse! maudits pechez qui auez fait des playes si cruelles aux pieds, & aux mains de Iesus. Pourquoy vous ay-ie iamais donné entrée dedans mon cœur? O Iesus mort, pour mes pechez! que ne meurs-ie de douleur, de vous auoir si souuent offensé.

Sa deuotion luy donne du courage,

rage, elle reprend ſes forces, elle ſe
léue ſur ſon ſeant, pour l'adorer
auec plus de reſpect, puis ſe recou-
che ſur ſa pauure eſcorce. A peine
le Pere eſtoit ſorty à quatre pas de
la cabane, ne la croyant pas ſi proche encore de la mort qu'elle expira. Voila ſans doute vne mort
precieuſe aux yeux de Dieu. Ce
ſont là les premices des fruits qu'a
produit pour le ciel, la Congregation de la Vierge. Cette femme ſe
nommoit Magdelene Andorons.

Le ſecond de ceux que Dieu à
appellé à ſoy, eſt vn ieune-hom-
me d'enuiron 36. ans, nommé Ar-
mand, qui depuis 17. ans, ne s'e-
ſtoit iamais dementy des promeſ-
ſes de ſon bapteſme; mais depuis
l'établiſſement de la Cōgregation,
il auoit redoublé ſes ferueurs. tous
les iours il entendoit deux Meſſes,

I

quelque rigueur du froid qu'il fist
au plus fort de l'hyuer, il les entendoit les mains iointes, les deux
genoux tous nuds en terre, dans vn
respect de deuotion qui n'auoit
rien de sauuage. Ses prieres finies,
il alloit trauailler en son champ,
soit pour abbatre la forest voisi-
ne, soit pour brusler les arbres, &
rendre la terre labourable, qui est
vn trauail tres penible. Le peu de
repos qu'il prenoit de temps en
temps, il l'employoit à dire son
chapelet, souuent cinq & six en vn
iour.

Estant tombé malade, il desira
d'estre porté à l'hospital pour y
estre assisté des saintes filles; (c'est
ainsi que nos Hurons appellent
les Religieuses) elles le reçoiuent
auec amour, ces bonnes Meres ne
font que charité, non seulement

pour les malades, mais pour tous
les sauuages. Sa maladie ne sembloit rié, & au bout de trois iours,
il parloit de sortir. Le lendemain
matin, il sent vn violent mal de
teste, il fait appeler vn de nos Peres
de langue Hurône, qui connoissoit
son cœur, depuis long temps. Il
faut, Mon frere, luy dit-il, que tu
me disposes à mourir. Confesse
moy, car ie sens bien que le temps
en approche. Il se confesse auec
loisir, & auec des sentimens de
componction, au dessus de ce que
i'en puis dire. Oüy, mon frere, ie
croy, disoit-il. Iesus qui voit mon
cœur, void bien que ie suis fasché
de ne l'auoir pas seruy fidelement.
Il m'a fait bien des graces; mais celle-cy est la plus grande, que ie me
voy mourir Chrestien, ie ne re-
grette point la vie, & ne crains

I ij

point la mort, puifque Iefus aura
pitié de moy. A peiné auoit-il
acheué, que la violence de fon mal
luy fait perdre le iugement; mais
dans tous fes delires, il ne parle
rien que de Dieu: en peu de temps
il expira, ayant receu l'extreme-
onction.

Sa veufue, nommé Felicité, lorsque i'efcris cecy, eft aux abois par
vn effort d'amour de Dieu, ou du
moins, par les efforts d'vne victoi-
re digne d'vne ame vrayement
Chreftiéne. Il n'y a que deux iours
qu'il eft icy arriué vn canot, en-
voyé expres des trois Riuieres
pour l'inuiter d'aller voir vn fien
frere vnique, naturalisé parmy les
Iroquois, qui y font abordez, ce
frere fouhaite de luy parler, & elle
a toufiours eu pour luy vne tendre
affection. Cette nouuelle dez fon

abord la transporta de ioye, & luy
fit prendre le dessein de faire ce
voyage. Comme elle estoit sur le
point de partir, & que le canot
estoit desia mis à l'eau, nos Peres
ont crainte que son frere ne l'em-
mene auec soy, dans le païs des
Iroquois où il retourne; & que là
son innocence, & son salut ne se
trouue en danger. Mes freres,
respond-elle, ne craignez point
pour moy. Dieu me conseruera la
foy, & en suitte l'innocence que ie
luy ay promise, receuant le ba-
ptesme. Il est vray que mon frere
a bien du pouuoir sur mon cœur;
mais Iesus en a dauantage. Nos Peres luy remonstrent doucement le
danger de succomber à vne tentation, qui paroist innocente, de
suiure vn frere qu'elle a touiours
aimé, & ils luy disent, que si vraye-

ment elle aime Dieu, elle luy doit
offrir ces violents defirs, qu'elle a
de le reuoir, & qu'il faut qu'en cela, elle fe vainque foy méfme,
puis qu'il y va de fon falut. Eft-il
vray, refpond-elle, que pour aimer
Iefus, il faille demeurer icy? La nature a beau dire, mó cœur a beau le
defirer, mes yeux ne verront point
ce frere que i'ay tant fouhaitté. La
deffus fes yeux fódent en larmes.
Non, non, dit-elle, mon voyage ne
fe fera point, quoy que i'en deuf-
fe eftre au mourir. Chofe eftrange
l'effort de ce cóbat de la nature &
de la grace eft fi puiffant fur elle,
qu'elle en tóbe en vne pamoifon,
qui la tient prés de vingt quatre
heures, entierement priuée des
fens, & en grand danger de mourir. Quoy qu'il en foit, c'eft vne
marque que les cœurs des fauua-

ges ne sont pas insensibles aux
mouuemens de Dieu,& que la foy
les eleue aussi bien que nous, au
dessus des sentimens de la nature.

Pour finir ce chapitre, qui n'auroit point de fin, si ie raportois la
centiesme partie de ce que Dieu
fait dans leurs cœurs, le diray que
ces bons Congreganistes, ont pris
vne sainte pratique tous les Dimanches, de faire vn petit present
à la Vierge, chacun d'autant de
grains de Porcelene, qu'ils ont dit
sur la semaine de chapelets, le
nombre va quelques fois iusq'uà
sept & huit cens de ces grains, qui
sont les perles du pais, leur deuotion les à porté à en faire quelques
colliers, en espece de broderie, où
meslant les grains de porcelene
violette, auec les blancs, ils escri-
uent ce qu'ils desirent dire en

I iiij

l'honneur de la Vierge.

Ils ont fait cóme vn fisque public, composé de leur pauureté, ie veux dire de leurs petits presens , dont ils se seruent pour secourir les pauures, auec yne pieté toute aimable. Nous les aidons à l'augmentation de ce petit thresor, y ayant appliqué quelques aumosnes venuës de France, & entre autres, vne Charité de Messieurs de la Congregation de la maison professe à Paris.

Ces bons Hurons Congreganistes, s'estans assemblez depuis peu, pour leur en faire vn remerciment à leur mode, leur ont destiné vn collier, où sont escrits ces mots, en porcelene noire, sur vn fond de porcelene blanche. *Aue, Maria gratia plena*, & ils m'ont prié d'accompagner ce present de leur do-

uotion, d'vne letre que i'ay escrite
en leur nom, sur de l'escorce de
bouleau, qui tient lieu de papier,
dont voicy la teneur.

Aꝟataken tę etsinnonron kꝟan-
nionk atoen aꝟat

ENnnhiek ꝟrochen ara atiaꝟ
endeontera aaꝟenhon aiaꝟa-
chienda en Marie Iesꝟs hondꝟen
rohꝟone staaꝟaroni aaenhaon on-
dechaꝟeti ondikiokꝟi chiach otio-
kꝟato eti dia enk aondioura on
Ato en Iesꝟs hechiena Skendiunra
toχa stan onëk te rehonnrak ꝟario
ierhe a echiendaen ; onχiatendo-
tondi a aꝟen kꝟario hatindꝟre da-
athatori hꝟannene (ꝟsa restir) da
ak onachiendaenk te andakꝟateri
ꝟsa echien Skꝟahenton endi echi-
en eetsiennonteen Iesꝟs hondꝟen

te a oꝰannra d'eeſaet, onde ſkꝰan-
di onrantrahꝰi ſtan te ſkꝰannon-
Ʞona θora onne io ennhaæ oꞥtaſ
kouentenrihaṭie ate o , ennḣ
ſtan ieſta eſχꝰannontenk onde ati
onꝰatres ti onꝰahachen ionꝰen
ſtan in a iaχinnonꞇ de ꝰarie aeodta-
ꝰen , chia aoꝰenhaon ſtante hotïe-
feꝰas , iſondaꞽiꝰannen , nien ꝶa-
Ʇonannonhꝰe I E S ꝰ S hondꝰꝶn ,
aiaχcharon ꝗ on nonꞰꝰarota oꝶ-
de haſten. ahiatonꞰꝰi doꞽi Aꝛon-
hia , eronnon te onnonronꞰꝰaꞥi-
onti ꝰaṭio ꝗ ꝗ ionnonꞰꝰaꝛotahe
daeoeharonniati ti arenſae nonꝰa-
renſo trahꝰi trudi ſtontaaatatoꞥ.
Tſïeharaenχꝰas aſꞷen ꝰarie ſtihoꞥ
χondeeſachien daentaꞽꝰa de ꝰen-
dar erſiaſꞷannhadeſa aꝰerheθuſeꞥ
te aꝰachiendaenk ti onꝰachienda-
ouꞷ : aeri te onꝰandionꞇꝰarie
aionꝰa hetꝼaronhons d'I E S ꝰ S heꞥa

aſonγandienrontraak diaγachien-
daen, iſa de erſonγeſkγen, ꝗ ioti-
nonionhγa onioneskγandik onne
skγahγichenion ti skγachiendoek.
Onγe d'hoenχγi haoneskγandik
onneaγeti hondoiariſene hondi ,
onrachen d'aſon te iatendγeſohie-
docha. iſa de skachiendaenk γarie
daakaroëna ꝗ ioti te skγaannia da
at ondγtſaγaſtis ondorari de, aronhiae eγatehγaten, endi te onγan-
diont ꝗ ioti te on γa, annra doeha,
onde ichien ochienſennik. Te ato
en te skγannonhγs γarie herſihet-
ſaron d'IESγs a han doieriſern eγa-
γeti de γarie oenχγi aioneskγen .
Taγatrendaenhas de skγarenſerrak
γarie orenſa γen eetſiatrendaen-
daenhas denγanenſotrak endi. kγa-
taχen onne i, en, a, enrhon onγa
en aſei onne d'IESγs hondγen ꝗio-
ti de tſonhγa skγaenaſti. On γan-

nonhꝫ, din nendi aꝫannonhꝫc.
Onneꝛ i, arihꝫetſi de Hechon
ſaꝫarchotrahꝫindi ioſtꝫen, ſchia-
ton, ꝫade arati iꝛchuen aꝫaihe-
nꝫi te aꝫan non dateri ahiaton.

    Aꝫataχen te etſinnonronk ꝫan-
    nionck atoen aꝫa Chiaχa Oac-
    honk ꝫarue harihꝫa ſenniκ Louis
    Aꝯaratꝫ annen Chaole ſon deaſ-
    kon.

Et au dos eſt eſcrit,

*A Meſſieurs de la Congregation de
Noſtre-Dame en la Maiſon Pro-
feſſe de la Compagnie de IESVS.*

A PARIS,

De la part des Chreſtiens Hurons
de la Congregation de Sainte
Marie,

    En l'Iſle d'Orleans pres Quebec
en la Nouuelle France.

MEs FRERES nous vous honnorons, sans feintise. Ce n'est que depuis vn an, que noſtre eſprit s'eſt ouuert, & que nous auons pris les penſées d'honnorer Marie, la mere de Ieſus. Ce fut lors qu'ō nous dit, qu'il y auoit en tous les lieux du monde, des aſſemblées qui ſe formoient pour luy dire dans le fond de l'ame, oüy, Mere de Ieſus, tu vois mon cœur, & tu vois qu'il ne ment point, quand il te dit, Marie ie te veux honorer! On nous dit qu'à Paris, où vous eſtes honorez des hommes, il y a plaiſir de vous voir, que vous mettez tout voſtre honneur à honorer la Vierge. Vous nous auez deuancé, & nous voulons vous ſuiure. La mere de Ieſus qui regarde les pauures, vous a pouſſé à ne les pas

méprifer. Depùis plufieurs années
vous nous auez enuoyé de riches
prefens. Nous nous fommes affem-
blez, & nous auons dit, qu'en-
uoyerons-nous à ces grands ferui-
teurs de la Vierge? Nous auons dit
Ils n'ont en rien befoin de nous,
car ils font riches, mais ils aiment
la mere de Iefus, enuoyons leur vn
collier de noftre Porcelene, où eft
efcrit le falut qu'vn Ange du Ciel
apporta à la Vierge. Nous auôs dit
autant de chapelets, en l'efpace de
deux lunes, qu'il y a de grains dans
le collier, vn graîn de porcele noire
en vaut deux de blâche. Prefentez-
luy ce collier, & dites luy que nous
la voulons honorer. Nous vou-
drions bien l'honnorer autant que
vous : mais nous n'auons pas tant
d'efprit que vous, pour feruir Dieu.
Si la mere de Iefus demande à fon

fils, qu'il nous donne vrayement
l'esprit qu'il faut pour l'honnorer ;
c'est alors que nous l'honnorerons
dauātage. Vous en serez bien aise
en la mesme façon que nous sommes bien aises, que vous l'honno-
riez mieux que nous. Vn labou-
reur est content, quand il voit tous
les epys de son champ bien meurs.
Cela l'atriste, s'il en voit quelques-
vns qui ne soient pas meurs, quand
il faut les cueillir. Vous autres, qui
honorez la Vierge de tout vostre
cœur, elle vous regarde comme
des epys de son champ meurs pour
le ciel. Nous autres qui n'auons
pas encore d'esprit, & qui ne faisons que commencer a seruir la
Vierge, elle nous regarde comme
les espys qui ne sont pas encore
meurs. Cela l'atriste. Puisque vous
l'aimez, demandez à Iesus que

tout le champ de la Vierge soit
meur comme il faut, pour le ciel,
afin qu'elle soit contente. Priez
pour nous quand vous direz vos
chapelets, nous prierós pour vous,
disans les nostres· Nous sommes
freres, puisque la mere de Iesus
est nostre mere, aussi bien que la
vostre. Elle nous aime, & nous voulons l'aimer. Voila ce que nous
auons prié Echon de vous escrire, pour nous, car nous sçauons
parler : mais nous ne sçauons pas
escrire,
Mes Freres,

Iacques Oachonk,	C'est le Prefect de la Congregation,
Louys Taieron, Ioseph Sondouskon	Ce'sont les deux Assistans.

Vous honorent & vous saluent sans feintise.

Offrande

Offrande d'vne escharpe de Pourcelaine faite par les Hurons à la Vierge Patronne de la Congregation de Messieurs de Paris.

Tsendaon de Aronhiae esenda erati onnonhiasχ8i clesannontenk a atatoeti de 8endat acharo nonde de charato eti, onnonk8arota da at on8enses on8acharonniatiAronhia, eronnon a8enda on8ahiaχonk8i onde te sannonronk8annionti de *k,* Ga8rier, conk8a andronnon8acharonniati, aonh8a, andoron doki, a8endaon8ahiaton k8i, 8arie re st a k8ateri son esk8ensken desachera enχ8indik. Ondeskin ata8aatariro ntak aronhiae de a8enhe.

K

EXPLICATION.

Receuës, ô Dame du Ciel, c[...]
preſent, que vous offre l'éli[...]
te de vos Seruiteurs Hurons. C'eſ[...]
vn Colier plein de myſtere. Il eſ[...]
compoſé de nos plus fines Perles[...]
Il eſt animé, & enrichy de la Voix[...]
& du Salut, que l'Ange Gabri[...]
vous a fait autresfois. Nous n'a[...]
uons rien de plus precieux en no[...]
mains, ny rien de plus ſainct dan[...]
noſtre cœur pour vous eſtre pre[...]
ſenté, & pour obtenir le Ciel p[...]
voſtre moien.

CHAPITRE XI.

*Remarques tirées de quelques lettres e[...]
de quelques memoires venus du païs.*

On eſcrit des trois Riuiere[...]
deux choſes qui meritent d[...]

tenir lieu dans ces Remarques.

La premiere eſt; Qu'vne troup-
de d'Iroquois aiant paſſé l'hyuer
parmy les Algonquins, on n'a re-
marqué aucune meſ-intelligence
entre ces deux Nations, les plus
ſuperbes, & les plus oppoſées, qui
ſoient deſſous le Ciel. Iuſques là,
que les Iroquois ne donnoient iamais la vie à aucun Algonquin,
quand ils le pouuoient attrapper,
ou ſurprendre dans la chaſſe qu'ils
faiſoient aux hommes.

Or non ſeulement ils ſe ſont bien
accordés: mais les Algonquins ont
eſté ſi ſatisfaits de leurs hoſtes,
qu'ils ont permis aux femmes
veufues, & aux aux filles de leur
Nation, epouſer quelques Iroquois. Et vous diriés que Dieu n'a
pas improuué ces alliances: Car
ces Nouueaux mariés eſtants à la

chaſſe auec leurs femmes Chreſtiennes, & ne trouuant ny gibier,
ny venaiſon, ils leur dirent; Il y a
deſia quelques iours, que nous
courons ces grandes foreſts, ſans
rien trouuer, que ne priés vous celuy qui a fait les animaux de nous
en donner pour noſtre nourriture,
puisque vous le connoiſſés ? Ces
bonnes femmes ſe mettent en
prieres : elles demandent à manger à Dieu, comme feroit vn Enfant à ſon Pere : Choſe eſtrange !
Quoy que ces Chaſſeurs, euſſent
battu tous les enuirons de leurs
Cabanes, ſans rien trouuer, ils ne
laiſſerent pas des le lendemain de
rencontrer & de tuer dans le meſme quartier, vn grand Eſlan : ce
qui les ſurprit, s'eſtonnant bien
fort de l'oraiſon des Chreſtiens, &
de la bonté de leur Dieu.

La seconde chose est, qu'enfin
Paul Tessouehat ce borgne tant
fameux, autresfois Capitaine des
Algonquins de l'Isle, qui a esté
l'orateur de son siecle en ces contrées, & le mieux disant de son
temps: Enfin, dy-ie, cet homme
tout bouffy d'orgueil, est mort
dans l'humilité Chrestienne: donnant sur la fin de sa vie, de grands
arguments de son salut. Les Iuge-
ments de Dieu sont estonnans !
Cette bonté infinie voulant sau-
uer cet homme autresfois si oposé
à la Foy Chrestienne & à la grace,
a cause de son faste, l'a disposé à
l'humilité par vne maladie de
deux ans.

Dans laquelle se voyant bas deuant Dieu, il disoit souuent au Pere qui auoit soin de son ame, quád
il l'alloit visiter: Tu me fais plaisir,

approche toy , & me dis ce qu'il
faut faire pour bien mourir ; Ie t'é-
couteray volontiers. Le Pere luy
parlant de la grandeur de Dieu, &
de la temerité de ceux qui luy reſi-
ſtent par leurs offenſes: ce pauure
homme touché iuſques au fond
du cœur, s'écrioit, Approche approche mon Pere,que ie te decouure toutes les plaies de mon ame,
& toutes les malices de mon cœur.
Prie celuy qui a tout fait , qu'il de-
tourne de mon chemin tous mes
pechez: afin qu'en mourant ie n'en
rencontre pas vn ſeul. De fois à
autres il prenoit ſon Crucifix & le
baiſoit auec tendreſſe: c'eſt en toy
ſeul,luy diſoit il,en qui i'ay misma
confiáce, Puis que tu és mort, c'eſt
la raiſon que ie meure; & puis que
tu es mort pour mes pechés , fais
moy miſericorde. ouure moy la

porte de ta maison : Ie hay cette
meschante carcasse, ie la quitteray
quand tu voudras. En effet il se
detacha entierement des soins de
son corps, qu'il auoit tant aimé;
ne se souciant plus des petits soula-
gemés qu'on donne aux malades;
notamment depuis ie ne sçay
quelle veuë qu'il eut dans son som-
meil. Il se trouua au pied d'vne
haute montagne, dont le sommet
se deroboit de ses yeux. Il entendit
vne voix qui luy dit à plusieurs re-
prises, monte cette montagne,
c'est le chemin que tu dois tenir. Ie
me trouuay à cette voix, disoit il,
saisy d'vne grande fraieur; mes
forces ne me permettans pas de
grimper sur vn mont qui me pa-
roissoit plein de precipices. Comme i'estois dans cet abbatement,
apperçeu vne grande eschelle, &

vnPere à mõ cofté, qui me prenant
par la main, me fit monter fans
beaucoup de peine. Cette veuë le
cõfola fort, & luy donna vne grande efperance d'entrer au Ciel par
Iefus Ch. qui eft cette Montagne.

On nous fait entendre que Noël
Tecouerimat, Capitaine des Chreftiens de fainct Iofeph, à Sillery,
fouftient cette nouuelle Eglife par
fon exemple, & par fon courage:
faifant tefte à vne trouppe d'Algonquins peu affectionnés à la
foy, qui fe font venus ietter en
fon diftric, à la faueur de la Paix.
Ils ont taché de le feparer d'auec
nous, par prefens, par careffes, &
par quelques paroles trop hardies,
l'attaquant dans vne conioncture
tres fauorable (à ce qu'ils croioiét)
pour faire reuffir leur deffein. Ce
grand homme de bien aiant per-

du quantité de beaux enfans, Enfin Dieu luy a rauy ſon petit Ben-
iamain, celuy qu'il aimoit auec
plus de tédreſſe. Les Ennemis de la
foy, & de la verité le croiant ébran-
lé, l'aſſaillirent dans ſon affliction:
Mais ils trouuerent vne teſte de
fer, vn cœur d'or & vne bouche
qui iettoit des foudres, quoy
qu'elle ne fuſt réplie que de miel.
Les aiant aſſembles, il leur dit. mes
freres, ie fay plus d'eſtat de la Foy,
que de toutes les choſes de la terre.
Ie mourray dans la creance des veritez que i'ay embraſſées : L'affliction n'abat point mon cœur : La
douceur ne le ſçauroit charmer :
Et les menaces ne l'ebranleront iamais. Il importe peu que vous
nous meſpriſiés & que vous,
nous teniés pour des gens qui
n'ont point d'eſprit : nous autres

qui croions, & qui prions, & qui
voulons obeir à celuy qui a tout
fait. Quand ie ferois feul, & quand
tous ceux qui croient; m'auroient
abbandonné, ie ne quitterois iamais la priere. Si vous youlés vous
ranger du party de Dieu, ie fuis à
vous: finon fçachés que tous ceux
qui ont le cœur tortu, & la bouche de trauers, tous ceux qui ont
deux femmes: tous ceux qui fe feruent encor de leurs tambours, &
de leurs fuperftitions, n'enreront
iamais daus le Reduit des Chreftiens, fi ie fuis efcouté. Il a tenu fa
parole; car fi quelqu'vn de ces li-
bertins, s'eft venu prefenter deuant Sillery, il l'a contrainĉt de
cabaner hors l'enceinte, qu'on a
fait dreffer pour les enfãs dè Dieu.

　Vne lettre venue de Sillery, dit
qu'on decouure tous les iours, de

nouuelles Nations de la langue
Algonquine. I'espere de voir dans
quelque-temps, dit vn Pere, les
terres, ou pluſtoſt les bois, qui
ſont ſur les bords de la mer du
coſté du Nord, où il y a des bour-
gades de Sauuages, qui parlent
comme nos Montagnets, que nous
entendôs. Ces peuples n'ont encor
iamais veu aucun European. Ils ſe
feruent encor de haches de pierres:
ils font boüillir leur viande dans
de longs plats d'eſcorce, qui leur
feruent de chaudiere, comme faiſoient autres fois nos Sauuages.
Ils n'ont aucuns ferremens; tous
leurs outils ſont d'os, ou de bois,
ou de pierres.

Vn autre dit que dans des Iſles
du Lac des gens de mer, que quelques-vns appellent mal à propos
les Puants, il y a quantité de peu-

ples dont la langue a grand rapport auec l'Algonquine : Qu'il
n'y a que neuf iours de chemin depuis ce grand Lac iusques à la mer,
qui separe l'Amerique de la Chi-
ne : Et que s'il se trouuoit vne personne, qui voulust enuoyer trente
François en ce païs-là, non seulement on gagneroit beaucoup d'a-
mes à Dieu ; mais on retireroit
encor vn profit qui surpasseroit les
despenses qu'on feroit pour l'entretien des François qu'on 'y en-
uoyeroit, pource que les meilleu-
res pelleteries viennent plus abon-
damment de ces quartiers-là. Le
temps nous découurira ce que
nous ne sçauons encor que par le
rapport de quelques Sauuages, qui
nous asseurent auoir veu de leurs
yeux ce qu'ils expriment de leur
bouche.

La Reyne ayant de la tendreſſe pour la conuerſion des Sauuages, & de l'affection pour l'eſta-
bliſſement de la Colonie Fran-
çoiſe en ce nouueau monde, y
enuoya ce Prin-temps dernier
quelque nombre de filles fort
honneſtes, tirées de maiſons
d'honneur. On n'en reçoit point
d'autres dans cette nouuelle peu-
plade. Ie ſçay d'aſſeurance, que
dix-huict ans ſe ſont écoulez, ſans
que le Maiſtre des hautes œuures
qui eſtoit en ce pays-là, ait fait aucun acte de ſon meſtier, ſinon ſur
deux vilaines que l'on bannit apres
auoir eſté publiquemét fuſtigées.
Tant que ceux qui tiennent le ti-
mon, deſſendront aux Vaiſſeaux
d'amener de ces marchandiſes de
contre-bande ; tant qu'ils s'op-
poſeront au vice, & qu'ils feront

regner la Vertu , cette Colonie fleurira, & fera benite de la main du Tres-haut.

Mais pour retourner à ces bonnes Filles , Dieu leur a fait la grace apres mille dangers, & mille bourrafques , d'arriuer à bon port auec vne braue & genereuse Amazone, que Dieu leur auoit donnée pour guide : C'eft la Mere Renée de la Natiuité, Religieufe Hofpitaliere de la Maifon des Filles de la Mifericorde de Quimper en Bretagne. Cette braue fille a eu quafi autât de peine, pour ainfi dire, d'étrer en ce païs de Croix, & de fouffrance, que les Ifraelites en ont eu, pour entrer dans la terre de promiffion ; mais enfin fon courage, fa fermeté, fa perfeuerance luy ont obtenu le congé & la benediction de Monfeigneur fon Euefque, &

la permiſſion de ſa ſuperieure, &
l'aggreement de ſa Communauté,
pour aller donner ſecours à ſes
ſœurs, qui exercent ſainctement
la Charité enuers les malades François & Sauuages, en ce bout du
monde. Les tempeſtes, & les dangers la reieterent deux fois dans le
port, auec toute ſa trouppe. La maladie la teraſſa pour quelque têps:
mais ſon cœur plus grand que
le mal, plus fort que les dangers,
la plus animé de l'amour de ſon
Dieu, & de la charité du prochain,
que les tempeſtes, du ſouffle des
vents, iouit maintenant d'vn calme, & d'vne bonace, qu'elle ne
peut exprimer, qu'en diſant qu'elle a trouué ſon paradis.

Changeons de propos, & deſcen-
dons iuſques à Tadouſſac. Les nouueaux Chreſtiens de cette contrée,

ont leur quartier d'hyuer, & leur quartier d'Esté. L'Hyuer, ils entrent dans leurs grandes Forests, pour faire la guere aux Ours, aux Elans, aux Caribous, aux Castors & à quelques autres animaux, qui font les mets de leurs tables. Le Pere Piere Bailloquet de nostre Compagnie, les a suiuis cet hyuer dans les bois. Le Capitaine de Tadoussac l'auoit demandé. On nous escrit qu'il l'a fort bien traité. c'est à dire qu'il luy a tousiours témoigné de l'amour, & de l'affection. Cette bienueillance est à la verité vne grande douceur : mais elle n'a pas empesché, que le Pere, n'ait eu la terre pour lict, & pour matelas, des escorces pour vn palais moins remply d'air que de fumée. Qu'il n'ait passé quelque mois sans pain, sans vin, sans

sel.

fel, fans autre ragouft que l'appe-
tit: qu'il n'appaifoit affez fouuent
qu'auec du boucan: c'eft à dire
auec des Anguilles, ou auec de la
chair feichées à la fumée, & dans
les ordures de leurs cabanes. Cela
bien affaifonné d'vn grand defir de
fouffrir pour Dieu: de la candeur
& de la vertu des nouueaux Chreftiens, fouftient parfaitement le
corps & l'ame, d'vn Ouurier Euan-
gelique.

L'hyuer tirant aux abois, pour
donner la vie au Printemps: Tous
nos Chaffeurs fe retirent auec tout
leur bagage, fur les riues du grand
Fleuue, en l'Ance, ou au Port, que
nous appellons Tadouffac, c'eft icy
où il fe fait vne confeffion publique, fans gehenne, fans torture,
& fans exaction. On dit qu'il y a
vn païs, ou le froid eft fi grand, que
toutes les paroles s'y gelent, &

quand le printemps s'approche,
ces paroles venant à se degeler, on
entéd quasi en vn momét, tout ce
qui s'eſt dit pendant l'hyuer. Quoy
qu'il en ſoit de cette fable, Il eſt
vray, que tout ce qui s'eſt fait de
mal pendant l'hyuer dans ces
grands bois, ſe dit publiquement
au Pere au mois d'Auril. Les premiers venus font tout haut la
confeſſion de ceux qui les ſuiuent,
& cela, par vn zele qu'ils ont de la
Iuſtice Chrétienne.

Cette année, vn ieune homme
aiant commis quelque faute pendant l'hyuer, recognut en approchant du port de Tadouſſac, qu'il
ne luy manquoit plus que la douleur, & vne bonne penitence,
pour ſon crime, remarquant au
viſage, & à la contenance du Pere,
& des Anciens, que quelques vns
auoient deſia côfeſſé pour luy ſon

peché, le regret qu'il en auoit, fit
qu'il ne se troubla point. Il se def-
embarque, va trouuer les princi-
paux Chreftiens, n'ofant paroi-
ftre deuant le Pere : il leur temoi-
gne fa douleur, & leur demande
vn bon chatiment pour fon crime Ces bonnes gens armés de zele, luy ordonnent de fe tenir à la
porte de l'Eglife les genous en terre, les mains iointes, & les épaules
decouuertes, & en cette pofture,
demander pardon à tous ceux qui
y entreroient, les fuppliant de tirer vengeance fur luy, de l'offen-
ce qu'il a cōmife contre Dieu , &
du fcandale qu'il leur a donné.
Auffi toft dit, auffi toft fait, Ce
ieune homme bien ioieux, de n'e-
ftre point banny de l'affemblée
des Chreftiens , fit gaiement ce
que ces bons Neophytes luy auoiēt
ordorné, Dieu vueille que ce zele

continuë long temps, s'il ne le faut
pas exiger, auſſi ne faut il pas l'empeſcher.

Vn chreſtien, qui s'eſtoit autrefois meſlé de conſulter le Demon,
ou le Manitou, ſe trouuant dans
les bois, fut viuement tenté de re-
prendre ce malheureux métier. Il
fait dreſſer vn tabernacle à leur
mode . il entre dedans, contre le
gré, & contre la volonté de ſa femme tres-honne Chreſtienne, laquelle voiant auec douleur cette
meſchante action de ſon mary,
deſtache vn petit crucifix, qu'elle
auoit à ſon chapelet, & le met ſur
ce Tabernacle. Choſe eſtrange!
cet homme au lieu de chanter, &
de hurler comme ils font en con-
ſultant leur Manitou, demeura
muet, & interdit, ſans iamais pouuoir tirer aucune voix de ſon eſto-
mach. Ie vous laiſſe à penſer s'il ſor-

onfus, & étonné de son tabernacle.

Vn capitaine nommé Iean Ba-
ptiste Ekhinechkaouat, étant malade à la mort dans les bois, sec &
decharné comme vn schelet, se fit
preparer vne medecine, côposée de
ie ne sçay quelle écorce, & de brins
de sapin infusés dás de l'eau tiede.
Il préd en main cette medecine, &
s'adressant à Dieu il luy dit. Toy en
qui ie croy, & que i'honore. Tu as
fait les écorces, & les fueilles, qui
sont les ingrediés de la medecine
que ie vay prédre. Tu peux si tu veux
me rendre la santé par cette medecine, rien ne t'est impossible. Rend
la moy ie t'en prie: fais que ce breuage me soit salutaire. Ie le boy au
nom du Pere, & du Fils, & du S.
Esprit. Aussi tost, dit il, que ie l'eu
auallé, Ie senty qu'elle penetroit
toutes les parties de mon corps, &

L iij

vne force secrette qui se couloi[t]
dans tous mes membres, & à mes[-]
me temps, il me sembla que i[e]
voiois tout à l'entour de moy de[s]
Enfans plus beaux que les Anges,
que vous peignés dans vos ta[-]
bleaux, lesquels me disoient ces pa[-]
rolles; Ne crains point, tu ne mour[-]
ras pas. Prends courage, tu viuras.
C'est ce que nous a rapporté c[e]
bon Neophite homme bien sag[e]
& bien meur. Quoy qu'il en soit
son cœur fut rempli de douceur,
& d'ōction, son corps fut remis e[n]
santé, & son ame plainement for[-]
tifiée en la Foy, & en la creanc[e]
qu'il a receuë des premiers.

Encor que ie passe sous silence
quantité de beaux exemples; qu[e]
ie remarque dans les lettres, &
dans les memoires qui nous on[t]
esté enuoiés: Ie ne puis ometre vne
action de charité faite par vne

ioune femme Chreſtienne, appel-
lée Antoinette Ouabiſtitecoué.
Les Sauuages deuant le Bapteſme,
n'aimoient pour l'ordinaire que
leurs parens, & ſi quelque enfant
ſe trouuoit deſtitué de ſes proches, ils l'aſſommoient par charité,
diſant qu'apres auoir long-temps
ſouffert, enfin il mouroit miſera-
ble, n'aiant perſonne qui le ſoula-
geât. Deux pauures petits aban-
donnés de la ſorte ſous vne pauure
eſcorce, eſtoient en danger de receuoir quelque coup de hache par
vn païen, ſans ſe pouuoir quaſi
plaindre ; & le plus grand n'auoit
qu'enuirõ onze ou douze-ans, & ſa
ſœur n'en n'auoit que quartre: Celuy là auoit vn colier d'écroüelles
fort horibles qui luy mangeoient
toute la gorge, & la petite auoit vn
flux de ſang qui la deſechoit iuſques aux os. Noſtre bõne Chreſtiẽ-

ne les ayât veuz dâs la faleté, dâs les
ordures, dans des maladies fi vilaines & dans le dernier abandon, en
prend vn foin comme s'ils euflent
efté fes propres enfans. Elle les
nettoye, elle leur va fouuent querir des branches de fapin qui feruent de littiere aux Sauuages, elle
leur donne à manger, elle leur
fait du bois & attife leur feu, elle
fe leue plufieurs fois la nuict pour
affifter la petite, elle leur va chercher toutes les douceurs qu'elle
fe peut imaginer, demandant vn
peu de raifin, ou vn peu de prunes
aux François pour leur donner :
Et elle faifoit tout cela auec vne
douceur, vne gaieté, vne con-
ftance, qui faifoit bien cognoi-
ftre qu'elle eftoit animée d'vn
autre efprit que l'efprit des Sauuages.

Le Capitaine de Tadouftiac ra-

uy d'vn tel exemple, fit vne Harangue au milieu de la nuict à
tous ses gens, s'escriant à plaine
teste. Escoutez-moy, mes Freres,
escoutez-moy, ne dormés pas,
reueillez vous : Ie vous parle d'v-
ne chose d'importance. Ce ne
sont pas deux chiens que nous
voions delaissés à la porte de nos
cabanes. Ce sont des hommes
aussi bien que nous. Ils sont bap-
tisés aussi bien que nous. Vous
donnez à manger à vos chiens,
vous les caressez quelquesfois,
vous les appellez, vous les menez
auec vous, & maintenant que
nous sommes pressez d'entrer
dans les bois, quitterons-nous ces
pauures enfans, qui sont faits
comme nous? Dieu nous les donne en garde. Ayez en soin, ce sont
mes enfans, nous dit-il, il regarde ce que nous ferons. Il escoute

ce que nous dirõs, & enfin il nous
traittera comme nous les trait-
terons. En suitte de cette Harangue, il commande à sa femme de
donner tout le soulagement qu'elle pourra à ces pauures petits, &
quand ils leuerent le camp, luy
mesme les embarqua dans sa cha-
louppe & les conduisit à Sillery
ou à Sainct Ioseph pour y estre
assistez. Ceux qui cognoissent le
genie des Sauuages, diront auec
raison, que Dieu seul peut chan-
ger les pierres en des enfans
d'Abraham.

Vne jeune fille voyant ses pa-
rés dans les larmes, pource qu'elle
souffroit beaucoup, & qu'elle approchoit bié fort de son trespas,
leur dit d'vn ton qui faisoit paroistre plus de joye que de tristesse.
Pourquoy pleurez-vous ? Ne vous
affligez pas, ie m'en vay au Ciel.

Le Pere m'a dit que ceux qui estoient baptisez, & qui obeissoient à Dieu seroient bien heureux. Ne suis ie pas baptisée? Ne croy-ie pas en Dieu? Ne pleurez-point, bien tost ie ne souffriray plus. Le Pere qui a soin de cette Mission entrant là dessus, elle luy dit, Mon Pere, ie me réjoüy quand ie te voy, ie ne crains point la mort, Ie n'ay rien de meschant dans mon cœur : I'ay tout dit ; Tu as embelly mon Ame, elle ira au Ciel. Mourir dans ces sentimens, ce n'est pas mourir en Barbare.

Vn Pere qui a esté bien auant dans le fleuue du Sagné, nous mande, qu'il a fait rencontre au lac de sainct Iean, de deux Ieunes Sauuages Chrestiens, qui se doutant bien qu'ils trouueroient vn Confesseur en ce quartier là, auoient fait deux cens lieuës de

chemin, pour se venir confesser,
& communier, & pour emporter
auec eux vn petit Calandrier, qui
leur enseignast les festes de toute
l'année, c'est de ceux la qu'il est
vray de dire, que de *Longinquo ve-
nerunt*, qu'ils sont venus de loing,
pour adorer IESVS-CHRIST.

Comme on acheuoit l'Impression du dernier Cahier de cette
Relation, on nous a rendu vne
Lettre, venuë de la Rochelle;
qui porte, qu'vn Vaisseau, nou-
uellement arriué de Canadas, dit
que les Iroquois d'en bas, que
nous appellons les Anniehronons,
ayans fait rencontre, sur le grand
Fleuue de S. Laurens, d'vn canot,
ou d'vn petit bateau, qui portoit
le Pere Simon le Moine à Montreal, conduit par deux Iroquois
Onnontaeronnons ; ont tué l'vn
de ses deux conducteurs, & ayant
massacré

massacré quelques Hurons & quelques Algonquins se sont saisis du Pere, & l'ont mis aux liens. Son autre guide ou conducteur voyant eette perfidie s'est écrié auec menaces, que ses Compatriotes se ressentiroient de cette trahison: qu'il ne se souçioit pas de la liberté qu'ils luy presentoient, qu'il courroit la mesme fortune que le Pere: Et puis qu'ils l'auoient garotté, qu'ils l'enchainassent auec luy: que iamais il ne le quitteroit: s'il est captif, ie suis captif auec luy: si vous luy ostés la vie, donnés moy la mort, disoit-il, si vous me mettés en liberté, deliés-le. Ces déloyaux craignans les menaces de cét Iroquois des païs plus hauts, delïerent le Pere, & le rendirent à son Guide, qui le conduisit à Montreal. Là dessus le bruit est, selon que le rapporte ce Nauire,

<u>M</u>

que les Iroquois d'enhaut vont
prendre les armes auec les François
contre les Iroquois d'en bas. Quoy
qu'il en soit de cette nouuelle, ie
puis dire ce qui suit auec vne grande probabilité.

Premierement que les Iroquois
d'en bas, qui ont eu de la ialousie
contre les Iroquois d'enhaut, au
traité de paix qu'ils ont comman-
cé les premiers auec les François:
ne souffriront pas aisement que
ces nations superieures viennent
trafiquer auec nos François : pource qu'ils ne seroient plus contrain-
tes de passer par leurs Bourgadés,
A quoy le chemin les oblige,
quand ils vont porter leurs mar-
chandises aux Hollandois.

Secondement, le sçay fort bien
qu'il est plus facile aux Iroquois
d'en haut, de descendre au quartier des François, que d'aller cher-

cher les Hollandois. Leur Lac &
noſtre grand Fleuue les peuuent
doucement apporter, & toutes
leurs marchandiſes iuſques aux
magazins des François : mais
quand il faut prendre leur route
du coſté des Hollandois ils ſouf-
frent deux grandes incommoditez. La premiere eſt, qu'ils ſont
contraints de faire la plus grande
partie du chemin par terre, & à
pied, & d'eſtre eux meſmes les
mulets qui portent leur bagage,
& leur-marchandiſe. La ſeconde
vient de l'inſolence des Anniehronons, qui eſtans comme les
Maiſtres de ce trafic, ne traittent
pas touſiours ciuilement les Iroquois d'en-haut. Peut-eſtre que
ces commoditez & ces incommoditez induiront les Onontaero-
nons, & les autres Sauuages des
païs Superieurs, de rompre plu-

ſtoſt auec les Anniehronons, qu'a-
uec les François. Peut-eſtre auſſi
que ce coup n'a eſté fait que par
quelques ieunes eſtourdis, qui ſeront deſaduoüez de leur Nation.
Cette année nous fera voir à dé-
couuert deuant que d'expirer, ce
que nous ne voyons maintenant
que dans des tenebres. Ie prie Dieu
qu'il conduiſe le tout à ſa plus
grande gloire. Amen, Amen.

F I N.